퇴직하는 날 집 나간 남자

초판발행일 | 2018년 7월 25일

지 은 이 | 김운영
펴 낸 이 | 배수현
디 자 인 | 박수정
홍   보 | 배예영
제   작 | 송재호

펴 낸 곳 | 가나북스 www.gnbooks.co.kr
출 판 등 록 | 제393-2009-12호
전   화 | 031) 408-8811(代)
팩   스 | 031) 501-8811

ISBN 979-11-86562-88-8(03910)

버 킷 리 스 트 를 실 행 하 다

퇴직하는 날 집 나간 남자

김운영 지음

들어가기 전에

오래전부터 하고 싶은 일 중 하나가 우리나라 해안가를 걸어서 한 바퀴 돌기다.

직장에 다니면서 길게 휴가를 내기 어려워 퇴직한 후 실행에 옮기기로 했다. 우리나라 해안가를 걸어서 한 바퀴 돌기는 평소 쓰고 있던 플래너 맨 앞에 내 꿈의 목록에 자리를 잡고 있었다.

그러다가 2017년에는 2017년 목표로 옮겨졌다. 2017년은 그동안 35년 동안 근무해왔던 공직생활을 사실상 마무리하는 해이기 때문에 실행할 수 있기 때문이다.

고혈압이 있고 당뇨가 높아 오랫동안 약을 먹고 있었다. 출발하기 며칠 전에 서울대병원에 가서 진료를 받는데 박민선 교수가 평소에는 처방을 6개월 해주더니 이번에는 3개월분만 해주어 박민선 교수에게 도보여행할 계획이라니까 몸 상태가 악화되었는데 도보여행을 자제하라고 하여 그래도 도보여행은 떠날 것이라고 하니까 '본인이 가겠다면 할 수 없지요' 하며 6개월 처방을 해줬다.

더 이상 미루다가는 실행에 옮기지 못할 것 같아서 퇴직하는 다음 날 떠나기로 했다. 우리나라 해안가를 걸어서 한 바퀴 돌기 위해서는 4개월쯤 걸릴 것이라는 생각으로 그동안 사용하지 않았던 휴가 10일을 사용하여 일찍 출발하기로 했다. 2017년 6월 17일 아침에 출발하기로 했다. 지인 중에는 왜 더운 여름에 떠나느냐. 왜 고생을 사서 하려 하느냐는 사람도 있고 대단한 용기라고 하는 사람도 있었다.

출발하기 위해서 도보여행에 필요한 물품을 구매했다. 그런데 무릎에 통증이 시작되었다. 아내 모르게 파스를 사서 붙이기도 했지만, 통증이 사라지지 않았다. 하지만 아내에게 이야기하면 아내가 출발하지 못하게 할 것 같아서 아내에게는 얘기하지 않고 진행하다가 문제가 생기면 포기하더라도 출발했다.

첫날은 아내, 두 딸이 응원해준다며 월곶까지는 모두 같이 따라왔다. 월곶에서 두 딸에게는 집으로 돌아가라고 하고 아내는 대부도까지 같이 걸었다. 다행히 다리는 걸을만했다. 하루 더 걸으니까 무릎의 통증은 사라졌다. 메고 가는 배낭의 무게가 물이 들어가기 전에 12kg이었으니까 물을 서너 병 더 넣어 다니다 보니 배낭 무게가 더 무거웠다.

당진에 이르렀을 때 막내 처제가 이렇게 무거운 배낭을 메고 어떻게 걷느냐며 끌고 가는 가방을 하나 주면서 가다가 불편하면 버리라고 했다. 무거운 물건을 끌고 가는 가방에 넣고 이동했더니 어깨가 한결 편했다.

여행을 진행하며 페이스북(Facebook)에 여행기를 매일 올렸더니 여행기를 보며 응원해주는 사람들이 많이 있었다. 오랫동안 만나지 못했던 친구들이 전화하기도 있었다. 응원 댓글은 무더운 날씨에 힘들었지만 큰 힘이 되었다. 땀방울이 비 오듯 흘러내렸지만 쉬는 동안에 읽으며 댓글을 달아주며 힘을 얻을 수 있었다.

먼 도보 여행지까지 찾아온 지인들의 위로는 도보여행을 완주할 힘이 되었다. 48일 동안 여행하는 중에 24회나 지인들이 찾아와 격려를 해줬고, 인제에 도착했을 때는 동료직원 김태문은 비를 맞으며 3일 동안이나 같이 걸어줬다. 한 번 교육만 같이 받았던 사이인 부안의 이옥신 면장은 매일 전화를 해서 안부를 물어왔다.

유난히 더웠던 2017년 6월 17일부터 8월 3일까지 48일 동안 271만 보, 2,054㎞를 무사히 다녀올 수 있었던 것은 여러 가지 모양으로 응원해주시고 지지해주신 분들의 덕이 아닌가 생각된다. 직접 찾아와 위로해 주고, 전화해주고, 페이스북에 댓글로 응원해주신 모든 분에게 이 기회를 통해서 고맙다는 말을 전하고 싶다.

어떤 사람이 내게 이 더위에 왜 걷느냐고 물었을 때 나는 내가 하고 싶었던 것을 하고 싶어서 하는 것이라고 대답을 했다. 아직도 내 버킷리스트에 적혀 있는 것 중에 하지 못한 것이 있지만 이번 도보여행을 통해서 하고 싶었던 일을 하나 이루었다는 생각이 든다.

다행인 것은 도보여행을 떠나기 전에 무릎이 아팠는데 돌아올 때는 무릎이 아프지 않았고, 오랫동안 60㎏ 이하로 체중을 유지하려고 운동을 하는 등 노력을 많이 했었는데도 이루지 못했는데 이번 도보여행을 마치고 돌아오니 체중이 7㎏이나 줄어들어 60㎏ 이하로 체중을 유지할 수 있게 되었다. 이번 여행은 무더운 여름에 여행하는 바람에 비 오듯 땀을 흘려야 했지만, 보람을 느낄 수 있었던 것 같다.

무엇보다도 아내와 두 딸의 응원과 지지 덕분에 가능했던 것으로 생각된다. 앞으로 아내와 두 딸이 하고 싶은 일을 하고자 할 때는 적극적으로 지지해주고 응원해줄 생각이다.

김 운 영

목차

C O N T E N T S

목차 ··

PART ❺ 육로를 통해 집으로 가는 발걸음 ··················· 191

SUPPLEMENT ·· 216

도보여행 정보

도보여행할 때 페이스북(Facebook)에 게시한 글에 대한 응원 댓글 중 일부

도보여행 완주를 위한 발걸음

도보여행은 내가 하고 싶은 일 중 하나였다 | 퇴직하는 다음 날 집을 나가기로 했다 | 발가락에 물집이 생긴 2일 차 도보여행 | 하루에 100리를 넘게 걸었더니 발이 그만 쉬란다 | 막내 처제가 끌고 가는 가방을 가져가란다

도보여행은
내가 하고 싶은 일 중 하나였다

오래전부터 우리나라 해안가를 걸어서 한 바퀴 돌고 싶었다. 직장에 다니면서 우리나라 해안가를 걸어서 한 바퀴 도는 것이 쉽지 않다. 거리도 멀고 기간도 많이 걸리기 때문에 시도하기가 쉽지 않다. 물론 주말마다 구간을 나누어 진행하면 가능할지 모르지만 한 번에 한 바퀴를 도는 것은 쉽지가 않다. 그 동안은 공직에 재직하고 있었으니까 하고 싶어도 할 수가 없었다.

내 버킷리스트에는 '우리나라 해안가를 걸어서 한 바퀴 돌기' 가 포함되어 있었다. 우리나라 해안가를 걸어서 한 바퀴 돌기는 오랫동안 내 프랭클린 플래너 내 꿈의 목록에 기재되어 있었고 매일 플래너를 작성하기 전에 읽으며 마음을 다져왔다. 우리나라 해안가를 걸어서 한 바퀴 돌기가 지난해까지는 꿈의 목록에 있었지만 2017년에는 꿈의 목록에서 2017년에는 실행하는 목표로 이동했다.

2015년 시흥시 평생교육프로그램으로 진행된 책 쓰기 교육 프로그램인 모내기 글방 교육을 받은 적이 있다. 첫 시간에 자신을 소개하는 시간이 있었는데 "나는 저는 퇴직하는 날 집을 나갈 것입니다."라고 했다. 그랬더니 사람들이 이상한 눈으로 봤다. 그래서 이유를 설명할 수밖에 없었다. 퇴직하는 다음 날 우리나라 해안가를 한 바퀴 돌아오는 도보여행을 떠날 것이라고 했다.

그뿐만 아니라 지인이나 직장동료들에게도 수시로 얘기를 해왔다. 지난해부터 도보여행을 위해서 하남에 있는 캠핑용품전문점에 가서 1인용 배낭, 텐트, 에어매트, 침낭, 우비, 등산화 등을 구입했고, 태블릿 PC를 구입하고 포켓 와아파이를 구입하여 상시 와이파이를 사용할 수 있도록 조치했다. 최근에 야광 봉, 야간에 걸을 때 쓸 위험을 막기 위하여 헤드라이트와 가방과 가슴에 달 야간에 깜빡이는 깜빡이등을 구입했다.

금년 7월 1일에 공로연수에 들어가지만 사실상 35년 동안 재직했던 공직생활을 마감하는 해이고 도보로 우리나라 해안가를 한 바퀴 돌기 위해서는 최소한 4개월 정도는 걸릴 것이라고 생각했다. 1인용 텐트를 가지고 다니면서 야외에서 자는데 추우면 진행이 어려울 것이라고 생각하고 추석 전까지 끝낼 계획을 잡았다.

나는 고혈압 판정을 받아 고혈압 약을 복용하기 시작한지 10년이 넘었고, 당수치도 높아서 서울대병원 박민선 교수에게 운동을 열심히 하라는 소리를 수없이 들어왔다. 지난 1,207일 동안 18,988,744보를 걸었으니까 하루 15,732보를 걸은 셈이다. 1년에 5,742,246보를 걸은 셈이다. 매일 2시간 정도는 걸었다. 우리나라 해안가를 한 바퀴 도는데 271만보이니까 매년 우리나라 해안가를 두 바퀴 이상을 돌고 있는 것이다.

어떤 때는 새벽에 군자봉까지 갔다가 오고 다시 저녁에는 갯골 생태공원을 걸어갔다가 오니까 하루에 4시간을 걸을 때도 있다. 비가 많이 오는 날은 걷지 못했지만 비가 오더라도 조금 내릴 때는 우산을 쓰고 걸을 때도 있다. 거의 매일 걸었다. 아침에 운동을 하지 못하면 늦은 밤에라도 걸었다.

7월1일부터 공로연수에 들어가는데 20년 이상 재직자에게 주어지는 10일 휴가를 아직 사용하지 않아서 이번에 그것을 사용하기로 했다. 그런데 인사가 7월말이나 8월초에 있을 것이라는 소리가 들려 인사담당 과장이나 국장에게 7월1일 이후에 사무실에 나오라고 하지 않도록 해줬으면 좋겠다고 부탁을 했다.

6월17일부터 출발하기 위해서 4월초에 미리 20년 이상 재직자에게 주어지는 10일 휴가를 승인 받아 휴가명령을 받았다. 동에서 퇴임식을 해준다는 것을 강력히 거절하고 만일 퇴임식을 하면 그날 출근을 하지 않을 것이라고 했다. 직원들이 마지막 떠나는 기념으로 펜션을 빌려 1박2일 함께 보내는 프로그램을 준비해줬다. 근무하는 직원과 사실상 작별하는 시간을 가졌다.

군대에서 전역할 때 후임 병사들이 하고 싶은 말을 적어주는 것처럼 정왕3동 직원들이 적어서 깜짝 선물로 줬다. 몇 년 전에 지역아동센터에 봉사활동을 마치고 나올 때 아동들에게서 받은 적이 있다. 이런 것을 받으면 나도 모르게 눈물이 핑 돈다. 직원들이 작성한 글을 선물로 받으며 이제 정말 35년 동안 재직했던 직장을 정말 떠난다는 실감이 느껴졌다.

6월 17일부터 도보여행을 떠나야 하는데 6월초부터 무릎과 발목관절에 통증이 느껴지기 시작했다. 잘못하면 도보여행을 출발하지 못할 수도 있다는 생각이 들었다. 이때까지 수많은 사람들에게 수없이 많이 도보여행을 하겠다고 했는데 퇴직하고 바로 진행하지 않으면 사실상 불가능하다. 6월 17일에 꼭 출발해야하는데 큰일이라는 생각이 들었다. 도보여행을 하고 싶으니까 도보여행을 마칠 때까지 건강하게 해달라고 간절히 기도를 드렸다. 그러면서도 큰일 났다는 생각이 들었다.

만일 이 사실을 아내나 지인들에게 이야기하면 가지 못하게 말릴 것이 분명한데 걱정이다. 도보여행을 떠나는 날 아내와 함께 걸으면서도 아내에게 이야기하지 않았다. 가다가 문제가 생기면 어쩔 수없이 포기하지만 일단은 출발하자고 마음먹었다.

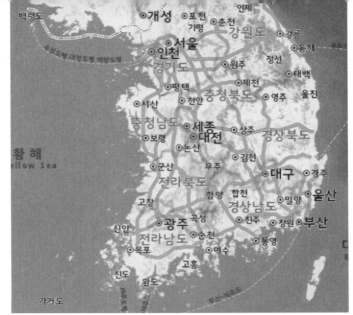

🏛️ 도보여행 경로

집(경기 시흥) ➡ 갯골생태공원 ➡ 경기 안산시(대부도) ➡ 경기 화성시 ➡ 경기 평택시 ➡ 충남 아산시 ➡ 충남 서산시 ➡ 충남 태안군 ➡ 충남 보령시 ➡ 충남 서천시 ➡ 전북 군산시 ➡ 전북 부안군 ➡ 전북 고창군 ➡ 전남 영광군 ➡ 전남 함평군 ➡ 전남 무안군 ➡ 전남 목포시 ➡ 전남 해남군 ➡ 전남 강진군 ➡ 전남 장흥군 – 전남 보성군 ➡ 전남 순천시 ➡ 전남 여수시 ➡ 전남 광양시 ➡ 경남 하동군 ➡ 경남 남해군 ➡ 경남 사천시 – 경남 고성군 ➡ 경남 통영시 ➡ 경남 거제시 ➡ 부산 사상구 – 부산 사하구 – 부산 중구 – 부산 남구 – 부산 수영구 – 부산 해운대구 – 부산 기장군 ➡ 울산 울주군 – 울산 남구 – 울산 동구 ➡ 경북 포항시 ➡ 경북 영덕군– 경북 울진군 ➡ 강원 삼척시 ➡ 강원 동해시 ➡ 강원 강릉시 ➡ 강원 양양군 ➡ 강원 속초시 ➡ 강원 고성군 ➡ 강원 인제군 ➡ 강원 홍천시 ➡ 강원 춘천시 ➡ 경기 가평군 ➡ 경기 포천시 ➡ 경기 연천군 ➡ 경기 파주시 ➡ 경기 김포시 ➡ 인천 서구 – 인천 동구 – 인천 연수구 – 인천 남동구 ➡ 경기 시흥시 – 집(경기 시흥)

퇴직하는 다음 날
집을 나가기로 했다

60세 나이에 우리나라 해안가를 한 바퀴 도는 도보여행이 많은 사람들은 불가능하다고 했다. 무릎관절이 망가지면 평생 고생한다며 그만두라고 했다. 그러나 일단은 출발하자고 마음먹고 사실상 직장을 퇴직하는 다음 날인 2017년 6월 17일 아침 7시에 집을 나섰다. 오랫동안 하려고 했던 도보여행은 사실상 퇴직하는 다음 날 시작된 것이다. 왜 그것을 하려고 하느냐고 하는 사람도 있었고, 대단한 도전이라고 하는 사람도 있었다. 모두 나를 걱정해서 하는 말이지만 대단한 도전이라는 말이 더 듣기 좋았다.

2017년 7월 1일부터 1년간은 공로연수 기간으로 출근은 하지 않지만 공무원의 신분은 유지된다. 사실상 35년 동안 근무했던 직장을 퇴직하는 것이다. 20년 이상 재직자에게 10일의 휴가를 주는데 아직까지 사용하지 않아 10일을 이번에 사용하기로 했다. 퇴임식을 해주겠다는 얘기가 있어 퇴임식을 하지 않기 위해서도 10일 먼저 출발하기로 한 것이다.

오래 전부터 가족에게도, 친구들에게도, 직장동료에게도 도보여행을 할 계획이라고 했고 출발하면 4개월은 걸려야 집에 오게 될 것이라며 가족들의 응원과 함께 출발했다. 몇몇 지인들이 도보 여행을 시작하는 시간을 알려주면 나와서 격려를 해주겠다고 했으나 조용하게 떠나기로 하고 가족들과 함께 조용히 집에서 나와 걷기 시작했다.

고혈압과 당뇨 때문에 정기적으로 서울대학교병원 가정의학과 박민선 교수에게 진료를 받으러 가는데 전에는 처방전을 써 줄 때 6개월분을 처방해주더니 이번에는 2개월분만 처방해 주어 왜 2개월분만 처방해주냐고 하니까 혈압은 괜찮은데 당뇨의 수치가 높아져 2개월 후에 상태를 다시 보고 당뇨 약 처방여부를 결정할 계획이라고 했다.

도보여행 계획이 있어서 6개월분을 처방해 달라고 했더니 박민선 교수가 "지금 이 상황에서 도보여행을 할 상황이 아닙니다."라고 했다. 그래도 "도보여행을 할 계획입니다."라고 했더니 "본인이 하고 싶으면 해야지요. 언제 돌아오실 것인데요"라고 했다. 그래서 "추석 전에는 돌아 올 것입니다."라고 했더니 간호사에게 "10월 10일에 진료하는 것으로 일정을 잡으세요."라고 했다.

서울대학교병원 가정의학과 박민선 교수가 도보여행을 할 상황이 아니라고 하기도 했고, 출발하기 며칠 전부터 무릎과 말목 관절에 통증이 느껴져 출발해야 하나 말아야 하나 고민했다. 출발했다가 몸만 망가지는 것이 아닌가 하는 생각도 들었다. 그렇지만 아내에게 이야기를 하면 당장 못 가게 할 것 같아서 이야기를 하지 않고 출발했다. 아내와 같이 대부도까지 걸으면서도 이야기 하지 않았다.

 도보여행은 오래전부터 하고 싶었던 일중에 하나이다. 다만 공직생활을 하면서 시간을 낼 수가 없어서 미루어 왔던 것이다. 그동안 직원들이나 지인에게 6월 17일부터 서해안, 남해안, 동해안, 그리고 육로를 통해서 다시 시흥으로 돌아오겠다고 약속을 했었다. 그 동안 수없이 말을 해왔는데 출발도 하지 않는 것은 안 된다는 생각으로 출발을 했다. 중간에 몸 상태가 나빠지면 그 때는 할 수 없지만 일단 출발했다.

 산삼을 먹은 해에는 감기가 걸리지 않았으나 산삼을 한 뿌리도 먹지 않은 지난해에는 3개월 동안이나 감기에 시달려야 했다. 그래서 도보여행을 떠나기 전에 몸을 챙겨야 할 것 같아서 지인에게 산삼을 캐러가자고 했다. 다행히 산삼을 8뿌리나 캘 수 있어서 산삼까지 먹었다. 다른 때는 가장 크고 좋은 것을 가족들에게 먹으라고 양보 했지만 이번에는 가장 큰 것을 내가 먹겠다고 했다.

 6월 17일이 도보여행 1일차 시작하는 날이다. 집에서 집사람, 큰 딸 수민이, 작은 딸 정민이와 함께 출발했다. 수민이와 정민이는 갯골생태공원을 지나 월곶까지 가서는 집으로 돌려보내고 집사람과 나는 오이도를 거쳐 시화방조제를 건너 대부초등학교까지 걸었다.

 첫 날 걸음 수는 57,185보이며 약 42㎞를 걸었다. 중간에 걸으면서 아내가 내 배낭이 너무 무거우니까 일부 들어주겠다고 했지만 앞으로 이것을 메고 전국을 돌아다닐 것인데 첫 날부터 무겁다고 하면 안 된다며 끝까지 내가 메고 걸었다.

저녁에 여행자모임 회원인 박주하 동장, 용혜진 팀장 내외, 정성근 팀장 내외가 전국해안가 도보여행을 떠나는 나를 격려해주기 위해서 대부도까지 와서 장어구이를 사줘서 먹었다. 저녁식사를 하면서 이런저런 이야기를 하다가 내가 텐트를 치는 것을 보고 가겠다며 일어나자고 하여 일어났다.

대부초등학교로 이동하여 운동장에 텐트를 치려고 했으나 경비원이 안 된다고 하여 울타리 밖에 텐트를 치는데 처음 치는 것이라 어떻게 치는 것인지 한 참 동안 헤매다가 겨우 쳤다. 여러 명이서 치는데도 잘 되지 않았다. 서로 이렇게 해야 한다 저렇게 해야 한다고 주장하면서 치지 못하다가 30분도 넘게 헤매다가 겨우 텐트를 쳤다. 혼자서 치려고 했다가는 어떻게 되었을지 모르겠다.

여행자 모임

다른 직원들은 먼저 돌아가고 박주하 동장과 10시 30분경까지 이야기 하다가 박동장과 헤어졌다. 텐트에서 자는 데는 문제가 없었으나 씻을 데가 없어서 그냥 잘 수밖에 없다. 밤 11시경 취침에 들어갔는데 개가 짖는 소리, 닭이 우는 소리, 차가 지나가는 소리가 나서 한 잠도 자지 못했다.

다행히 집에서 출발하여 대부도까지 걸어왔는데 무릎과 발목관절의 통증이 악화되지 않고 사라졌다. 걸으면서 속으로 도보여행을 하는 동안 무릎과 발목관절이 아프지 않도록 해달라고 기도를 했다. 하지만 도보여행은 3일에서 5일 사이가 가장 중요하다고 해서 건강관리에 각별히 신경을 쓰면서 걸었다.

텐트

발가락에 물집이 생긴
2일 차 도보여행

    도보여행 2일차 일정은 6월 18일 새벽 4시50분경 일어나 텐트를 접어 배낭에 넣고 5시 10분 출발했다. 2시간쯤 걸었을 때 선감도에 이르니까 문을 연 식당이 있어서 생선구이를 시켜 먹고 식당에서 면도를 하고, 휴대폰을 충전하고, 화장실에 가서 양치를 하고 세수를 했다.

    서신면사무소 인근에 교회가 보여 시계를 봤더니 10시였다. 대부분의 교회의 예배가 11시에 시작된다. 더 걷다가 11시경에 만나는 교회에서 예배를 드리려고 다시 걷기 시작했다. 11시 6분 경 궁평감리교회가 보여 예배에 출석했다. 옷이 땀에 젖어 맨 뒤에 앉았다가 예배가 끝나자마자 나왔다.

    아침식사를 하면서 도보여행 1일차 진행내용을 페이스 북에 게시했더니 지인들이 댓글을 많이 달았다. 걷다가 쉬는 시간을 이용하여 일일이 댓글을 달아 줬다. 대부분 평소 친분을 갖고 있던 지인들의 응원의 댓글이었다.

    탄도 항에 도착하였을 때 12시경 되었다. 항구 근처 식당가에는 사람들이 엄청나게 많았다. 점심식사를 하려고 식당에 들어갔더니 사람들이 꽉 차 있었다. 칼국수 1인분을 시켰더니 1인분은 팔지 않는다고 했다. 몇 군데 더 들려봤지만 마찬가지였다.

하는 수 없이 마트에 가서 빵을 사먹었다. 날씨가 너무 더워 그늘에서 2시 반까지 쉬면서 페이스 북에 게시한 글에 응원 댓글에 댓글을 달았다. 쉬다가 화옹방조제(연장 9.4㎞)를 걷는데 박한석 지부장이 응원을 오겠다고 했다.

어제는 몰랐는데 쉬면서 양말을 벗어보니 왼쪽 발가락 3개와 오른쪽 발가락 3개에 물집이 생겼다. 물집을 터트리면 도보여행을 할 수 없다는 소리를 많이 들어 반창고로 발가락을 감쌌다. 그리고는 발가락 양말을 신고 주름이 생기지 않도록 조심해서 두꺼운 양말을 신었다. 양말을 신고도 주름이 잡힌 곳이 없는지 확인한다.

걷다가 발바닥에 통증이 느껴져 더 이상 걷는 것이 무리라고 판단되었다. 마침 매향리에 이르렀을 때 펜션이 보였다. 펜션은 비쌀 것이라고 생각했지만 도보여행자라고 했더니 5만 원만 내라고 했다. 5만 원을 지불하고 짐을 방에 풀고 쉬고 있었다. 조금 있으니까 박한석 지부장이 도착했다고 해서 나갔다. 근처에서 감자탕이나 먹자고 했더니 도보여행을 하려면 잘 먹어야 한다며 보신탕을 먹자고 하여 보신탕을 먹었다.

발가락에 물집이 생겼다고 하니까 차에 자신이 가지고 있는 등산화가 좋다며 신어 보라고 하여 신어봤더니 맞았다. 신고 왔던 등산화는 박한석 지부장에게 주고 박한석 지부장이 가지고 온 신발을 내가 신었다. 숙소로 돌아와 먼저 몸을 씻고 여행기록을 정리하고 통증이 있는 종아리에 파스를 붙였다.

당초에 출발을 할 때는 더운 낮에는 카페나 적당한 그늘에서 쉬면서 여행기록을 정리하려고 태블릿 PC도 준비했고 어디서나 와이파이를 할 수 있도록 포켓 와이파이도 구입했다. 내가 살고 있는 시흥에는 그리도 흔한 카페가 내가 걸어가는 도로가 해안가 도로이기 때문인지 해안가 도로에는 카페가 보이지 않았다. 그렇다고 식당을 만나기도 어렵다.

오늘 걸음 수는 58,136보이고 이동거리는 43㎞를 걸었다. 배낭의 무게가 물을 넣기 전에 12㎏이었는데 너무 더우니까 물은 최소한 2병 이상은 사야하는데 가게를 만날 수 없으니까 최소한 서너 병은 가지고 다녀야 하고, 간식거리도 사서 넣으니까 어깨에 부담이 되었다. 그렇다고 배낭에 있는 물건을 빼낼 수도 없는 상황이었다.

하루에 100리를 넘게 걸었더니 발이 그만 쉬란다

　3일차 도보여행은 6월 19일 5시에 모닝콜이 울려 일어나 짐을 정리하여 펜션인 '데이파크'에서 나와 길을 걷기 시작했다. 매향리 숙소에서 1시간쯤 걸었을 때 한식 뷔페식당이 보여 식당에 들어가 아침식사를 했다. 식사를 하고 아산방조제를 향해서 걸어가는데 당초 카카오 맵에서는 18㎞라고 되어 있는데 막상 도착하니까 33㎞가 넘었다. 카카오 맵은 직선거리로 인식하는지 실제 거리와는 차이가 많다.

　중간에 순대국 집이 있어서 점심으로 순대국을 먹고 식당에서 조금 쉬었다. 쉬면서 휴대폰을 충전하고 페이스 북에 게시한 댓글에 댓글을 달았다.

　식당을 나와 걷고 있는데 그 집에서 식사도 하지 않았는데 '항만 한식 뷔페' 주인이 나를 보더니 "이 더위에 도보여행을 하려면 물이 필요하니까 가져가세요."라고 했다. 주는 물병을 받았더니 얼음이 꽝꽝 언 물병이었다. 마침 물이 떨어져 가고 있을 때였고 가지고 있는 물도 미지근해졌는데 정말 고마웠다.

아산방조제 제방위로 올라가 걷다가 밑으로 내려왔더니 제방위에는 바람이 불어 시원했는데 제방 밑에는 바람이 불지 않고 더워서 다시 제방위로 올라가서 걸었다. 제방 위로 걸으면 바람이 불어 시원하다. 제방위에서 파도소리를 들으며 걸으면 마음도 시원해지는 느낌이 든다.

인주사거리에서 인주지방공단 방향으로 걷다가 삽교천을 건너려고 했는데 걸음수가 60,777보이고 이동거리도 45㎞이다. 도보여행기간 중에 3일차에서 5일차가 가장 중요하다고 하는데 오늘이 3일차다. 발에 문제가 생기면 도보여행을 할 수 없기 때문에 무리하지 않기로 했다.

발바닥에 통증이 느껴지는데 더 이상 걷는 것은 무리라고 생각되어 인주면사무소 인근에서 곰탕 1그릇을 먹고 인근 공원에 텐트를 치고 잘까 하다가 몸도 씻어야 하고 옷도 땀에 젖어 빨아서 말려야 해서 인근 모텔에서 자기로 했다. 방대금은 4만5천원인데 방은 아주 깨끗했다. 먼저 샤워를 하고 종아리, 어깨. 발바닥에 파스를 붙이고 주물렀다.

오늘 걸음 수는 60, 777보이고 이동거리는 45㎞이다. 4㎞가 10리 이니까 45㎞이면 100리가 넘는다. 3일 동안 걸어보니까 하루에 40㎞는 충분히 걸을 수 있을 것 같았다.

페이스 북에 게시한 도보 여행기를 보고 여러 명이 젊은 사람도 아닌 나이 60세에 내가 하루에 40㎞ 이상을 걷는다고 하니까 "천천히 걸어라.", "무리 하지마라." 라는 글이 많이 올라왔다. 삼복더위에 35㎞ 이상은 무리라며 천천히 걸으라고 했다. 초기에 무리하다가는 완주하지 못할 까봐 염려하는 글이다.

　나를 잘 아는 지인들은 한다면 하고야마는 나의 성격 때문에 무리를 할지도 모른다며 절대 무리를 하지 말라는 당부를 했다. 일정을 줄이는 것에 목적을 두지 말고 완주하는 것에 목표를 두라고 했다.

　전에 하루에 얼마나 걸을 수 있을까를 알아보기 위해서 집에서 시작하여 갯골생태공원을 출발하여 월곶, 오이도 제방, 시화방조제를 건너 대부도까지 걸어갔다 온 적이 있었는데 그때도 40㎞를 훨씬 넘게 걸었기 때문에 하루에 40㎞는 충분히 걸을 수 있다고 생각했다. 물론 그때는 배낭이 가벼웠는데 지금은 배낭이 무거워졌다는 것은 다르지만 해낼 수 있을 것 같았다.

　12㎏이 넘는 배낭을 메고 해안가를 일주한다는 것은 쉽지 않은 일이라는 생각이 들었지만 어쩔 수 없는 일이라는 생각이 들었다.

막내 서제가
끌고 가는 가방을 가져가란다

4일차 도보여행은 6월 20일 5시 모닝콜이 울려 일어나서 인주 면사무소 부근 모텔에서 나와 삽교방조제를 걸었다. 썰물이라서 바닷물은 빠져나가고 뻘이 드러났다. 방조제 제방위에 올라가서 걸으니까 바람이 불어 시원하다기 보다 춥게 느껴졌다. 그래서 제방 밑으로 내려갔더니 바람이 불지 않아 더웠다. 다시 제방 위로 올라갔다.

당진으로 접어들어 걸어가다가 8시30분경 주유소 식당에서 아침식사를 했다. 식사를 하면서 우미식당 주인과 이야기를 하는데 전에 목감동에서 오랫동안 살다가 왔다고 했다. 한 다리 건너가면 모르는 사람이 없다고 했는데 그 말이 맞는 모양이다. 시흥과 인연이 있는 사람을 만나니까 반가웠다. 이번 여행을 하면서 어떤 사람들을 만나게 될지 모르지만 기대된다.

석문 방조제를 향해 걸어가며 현대제철소 건물 옆을 걷는데 공장이 얼마나 큰지 1시간 이상을 걸어도 끝이 보이지 않았다. 문도 제1문, 제2문, 정문, 제3문, 후문 등 많았다. 문간 거리도 많이 떨어져 있고 버스승강장도 몇 개나 지나야 했다. 시흥에 이런 공장들이 있었으면 좋겠다는 생각이 들었다.

현대제철소를 지나 '더앤소'라는 식당에서 양곰탕을 먹었다. 처음으로 먹는 음식인데 맛있었다. 석문방조제에 도착하여 낚시하는 사람이 보여 방조제의 길이가 얼마냐고 했더니 7㎞라고 하여 걷는데 7㎞를 걸었는데도 아직 많이 남았다. 막내처제를 만나기로 해서 부지런히 걸었다. 막내처제 내외가 와서 함께 장고항에서 아낙어 구이를 먹었다. 막내 처제가 "내일 이곳까지 안서방이 태워다 드릴 테니까 우리 집에 가서 자요."라고 했다. 그래서 막내 처제네 집으로 이동했다.

이은식 국장에게서 더운 날씨에 고생이 많다고 격려전화가 왔다. 동생 영숙이에게서도 오빠는 혈압도 있고 당뇨도 있다며 더운 날씨에 웬 도보여행이냐며 걱정스런 전화가 왔다. 김신섭 기자에게서 전화가 왔었는데 받지 못하여 전화를 했다.

페이스 북에는 '3일차 도보여행을 마칩니다'라고 여행기를 게시했더니 많은 사람들이 댓글을 달았다. 응원 댓글에는 걷다가 쉬는 시간을 이용해 모두 댓글을 달아줬다. 오늘 날씨가 상당히 더울 거라며 건강을 챙기라고 했다. 도보여행을 떠나느라 휴가를 사용하여 일찍 출발하는 바람에 인사도 못하고 나왔는데 김윤식 시장이 댓글을 올린 것을 보니까 미안한 생각이 들었다.

막내 처제가 내 가방을 들어보더니 이것을 메고 어떻게 걸어가느냐며 끌고 가는 가방을 가지고 다니다가 망가지면 버리고 어디

철물점에서 하나 새로 사라며 끌고 다니는 가방을 주어 메는 배낭에 있는 짐 중에 1인용텐트, 에어매트, 침낭, 우비 등 무거운 것을 끌고 다니는 가방에 옮겨 담았다.

막내처제

오늘 걸음 수는 59,431보이고 이동거리는 44㎞이다. 발이 더 이상 악화되지는 않았다. 쉬는 시간마다 신발 끈을 풀어 발을 주물렀다. 발에 문제가 생기면 도보여행을 중단해야 하니까 발에 신경을 많이 썼다. 저녁에는 정민이가 여행할 때 발에 붙이라며 일본에서 사온 파스를 붙이니까 발바닥의 통증은 거의 느끼지 못했다.

서해안을
따라
걸으며

이기학 면장 댁에서 하루를 묵으며 | 핸드폰이 먹통이 된 6일 차 도보여행 | 도보 여행길로 찾아온 이동준 주민자치위원장 | 도보여행하면서 처음 만난 카페 | 도보여행하면서 교회에 출석하는 여행자 | 군산에서 어렵게 받은 아침상이 진수성찬이다 | 새만금 방조제에서 교육 동기생인 이옥신 면장을 만났다 | 성동면 파출소장이 시원한 물병과 야간 깜박이가 가져왔다 | 저녁 식사를 하며 농대를 다니고 있는 젊은 친구를 만남 | 세월호가 안치되어있는 현장을 지나며 | 도보여행을 떠난 지 15일 만에 땅끝마을에 도착

이기학 면장 댁에서
하루를 묵으며

5일차 도보여행은 6월21일 당진 막내처제네 집에서 5시에 일어나 안서방이 장고항까지 태워줘서 장고항에서 출발하여 대호방제를 지날 때는 한낮인데도 바닷바람이 불어오니까 춥게 느껴졌다. 대호방제조를 지나며 5급 교육 동기인 이기학 면장에게 전화했더니 나를 만나겠다고 계속 전화가 왔다.

나를 만나기 위해서 출발했는데 어디에 있느냐고 했다. 이정표도 없고 주변이 산이나 들이다 보니 특별히 큰 건물도 없어서 어디인지 알 수가 없어 어디인지 알려달라고 하는데 알려 줄 수가 없었다. 이동하다가 아파트가 보여 아파트 이름을 얘기해 줬더니 알겠다며 찾아왔다.

이기학 면장은 빵과 음료수를 잔뜩 사가지고 왔다. 가방에 넣을데가 없어서 음료수만 1병 받고 나머지는 마음만 받겠다고 하고돌려줬다. 만난 곳이 이기학 면장 집에서 10㎞ 정도 떨어진 곳인데 집에서 자고 가라고 하여 그러기로 했다.

차를 태워주겠다고 했는데 도보여행의 의미를 퇴색시킬 것 같아서 근처까지 걸어가서 전화를 하겠다고 했다. 약 2시간 반 정도 걸어가서 이기학 면장이 알려준 장소에 가서 전화를 했더니 차를 가지고 나왔다. 차를 타고 이삼 분 지나니까 이기학 면장 집이었다.

이기학 면장은 양봉 30통을 하고 있고 양봉을 3단까지 올렸다. 다른 사람들은 1단이나 2단까지만 올리는데 3단까지 올렸다. 뒷산에는 조경수를 식재하여 판매하기도 한다. 지난해에는 옻나무를 식재하여 옻 순을 따서 팔아 상당한 수입을 올렸다고 했다. 아로니아 등을 재배하기도 하고, 장뇌삼도 심어 놨는데 가물어서 다 죽었다고 했다. 나도 시골에서 살면서 주변에 유실수도 심어 놓고, 무 농약으로 야채를 키워 먹으며 살고 싶은 것이 꿈인데 생각대로 될지가 걱정이다.

사모님은 아르바이트를 나가야 한다고 하며 우리에게 밥을 차려주시고는 나가셨다. 저녁을 다 먹었을 무렵 딸이 왔다. 너무 가물어 지하수를 주야로 퍼 대니 집에서 쓰는 물도 원활하지 않은 상태였다. 바가지로 물을 퍼서 샤워를 하고 오랜만에 만난 이기학 면장과 얘기를 나눴다. 그런데 하루 종일 걸어서 그런지 자꾸 눈이 감기었다. 이기학 면장이 그런 모습을 봤는지 피곤하신 모양인데 방에 가서 주무시라며 아들이 사용하던 방에서 자라고 했다. 방에 들어와서 금방 잠에 골아 떨어졌다.

같이 근무했던 직원도 아니고 교육을 한번 같이 받은 사이뿐인데 한 여름에 옷이 땀에 젖어 땀 냄새가 나는 나를 선뜻 자고 가라고한 이기학 면장님이 정말 고마웠다. 나중에 생각해보니 이기학 면장과는 기념사진도 1장 찍지 않았다. 나중에 내려가서 한 장 촬영할 생각이다.

이기학 면장

오늘 걸음 수는 52,077보이고 이동거리는 40㎞이다. 지인의 집에서 자는 것이 편하지만은 않다. 잘해주려고 하는 것이 오히려 부담스럽기도 하고, 무더운 날씨에 가족들이 손님이 와서 있으면 아무래도 자유롭지 못할 것 같아서 미안해진다. 아무튼 손님을 집으로 초대한다는 것은 쉽지 않은 일인데 땀 냄새가 나는 나를 기꺼이 초대해준 면장님이 정말 고마웠다.

핸드폰이 먹통이 된
6일 차 도보여행

6월 22일 6일차 도보여행은 이기학 면장 댁에서 5시에 모닝콜이 울려 조용히 일어나 나오려고 했더니 내가 움직이는 소리를 들었는지 이기학 면장이 나왔다. 이기학 면장이 나와서 어제 차를 탔던 곳까지 태워줘서 거기서부터 다시 걷기 시작했다. 태안으로 이동하는데 주변에 양파, 감자, 마늘 수확이 한창이었다. 서산에는 곳곳에 관상수를 재배하는 곳이 많이 있었다.

이번 도보여행을 하면서 농촌봉사활동을 해보려고 했는데 이제 감자나 양파를 호미로 캐는 것이 아니라 트랙터로 캔다. 농촌에 일할 사람이 없다보니 기계화를 할 수밖에 없다. 감자, 양파, 마늘 수확도 거의 끝난 상태다. 농촌봉사활동을 하려면 사전에 정보를 수집하여 준비를 해야 가능할 것 같다.

무 농약 농사를 지으면서 살고 싶은데 아직 준비가 되지 않은 상태다. 귀농귀촌 교육을 받아보면 처음에 농촌에 내려와서 무턱대고 많은 돈을 들여 농지를 구입하거나 주택을 건축하지 말라는 이야기를 한다. 농사 일이 생각했던 것처럼 쉽지 않다는 얘기다. 농촌에 살려고 왔다가 바로 농촌에서 못 살겠다고 농촌을 떠나는 사람이 많다고 한다.

군에 가기 전과 군에서 제대하고 몇 년간 농사를 지었던 경험이 있다. 벼농사를 지으며 농약을 쓰지 않겠다며 제초제(풀이 나오지 않게 하는 농약)를 주지 않았다가 풀이 많이 나와 풀을 뽑아내느라고 힘들 었던 적이 있다. 농약을 주지 않으니까 병충해가 와서 벼 잎을 갉 아 먹어 농사에 대해 개뿔도 모르는 놈이 똥고집만 부린다는 소리 를 들으면서도 농약을 주지 않았던 적이 있다.

이제 농사를 많이 짓지 않더라도 내가 먹을 채소 정도는 내가 직 접 키우면서 살고 싶다. 어릴 때 울타리에 유실수가 심겨져 있어 많지는 않지만 봄부터 가을까지 과일을 따 먹는 추억도 가질 수 있 었던 것처럼 손자들에게는 할아버지 할머니 댁에 가면 유실수를 따 먹을 수 있다는 추억을 가질 수 있도록 하고 싶다.

아침식사를 매일 8시부터 9시 사이에 하려고 했는데 식당이 보 이지 않았다. 국도와 팔봉산길이 갈라지는 삼거리가 나왔다. 어디 로 갈까 망설이다가 팔봉산길로 방향을 잡았다. 조금 올라가니까 마두향(두부 전문점. 서산시 팔봉면 팔봉산로 94)이라는 음식점이 나왔다. 10 시 20분경 식당에 들어가 두부비빔밥을 먹고 이기학 면장이 가르 쳐 준 길로 이동하고 있는데 이동준 주민자치위원장에게서 전화 가 왔다. 어디쯤 가고 있는지 발은 괜찮은지를 물었다. 그리고 잠 시 후에는 박주하 동장에게서도 전화가 왔다. 여행길은 괜찮은지, 다음 주에 한 번 들리겠다고 했다.

휴대폰으로 카카오 맵을 보면서 이동하는데 13시 04분부터 휴대폰이 되지 않았다. 카카오 맵이 되지 않으니까 어디로 가야 할지 방향을 잡을 수가 없었다. 배터리가 분리되는 휴대폰이면 배터리를 뺏다가 다시 끼워보겠는데 요즈음 나오는 휴대폰은 일체형이다 보니 그럴 수도 없다. 전원 버튼을 눌러 전원을 끄려고 해도 전원이 꺼지지도 않고, 아무 버튼도 작동하지 않았다.

마침 도로 옆에 경로당(석산2리 마을회관)이 있어 문을 열고 들어가 할머니에게 택시를 불러달라고 부탁했다. 할머니에게 몇 시냐고 물었더니 2시라고 했다. 약 1시간 정도 휴대폰이 먹통이 된 것이다. 택시를 타고 태안읍내로 이동했다. 이동하면서 택시 기사에게 삼성전자서비스센터로 가자고 했더니 태안에는 서비스센터가 없어 서산으로 가야 한다고 했다. 일단 태안시외버스터미널 근처에 휴대폰 가게가 있으니까 가서 물어 보고 안 되면 서산을 갔다 올 수밖에 없다고 했다.

택시에서 내려 휴대폰 가계로 갔더니 주인이 "휴대폰을 한 번도 껐다가 켜지 않으셨지요? 휴대폰도 가끔은 쉴 수 있도록 껐다가 켜주셔야 합니다."라고 했다. 왼쪽, 오른쪽, 아래에 있는 버튼3개를 동시에 누르면 꺼졌다가 다시 켜진다며 누르니까 정상 작동이 되었다. 다행이었다. 서산으로 다시 가지 않아도 되었다.

근처에서 점심식사를 하려고 식당에 들어갔더니 점심장사가 끝났다며 다른 식당으로 가라고 했다. 몇 군데 식당을 더 돌아다녔지만 마찬가지였다. 겨우 식사를 할 수 있는 음식점을 찾았다. 이

지역에서는 점심식사가 끝나면 잠시 쉬는데 쉬는 시간에는 손님을 받지 않는 식당들이 있단다. 굴 비빔밥을 먹고 다시 일정을 시작했다.

태안방향으로 이동하는 중에 첨성대 소나무 불가마 찜질방이 보였다. 숙소에 들어가기에는 조금 이른 시간이었지만 찜질방에서 하루 쉬고 가려고 그곳으로 들어갔다. 먼저 근처 식당에서 제육덮밥으로 저녁식사를 하고 찜질방으로 이동하여 2층 수면실로 올라가 잠을 자려고 했으나 찜질방에서 틀어 놓은 음악소리 때문에 잠이 들지 않았다. 엎치락뒤치락 하다가 겨우 잠이 들었나보다.

오늘 걸음 수는 53,196보이고, 이동거리는 44㎞이다. 며칠 걷다가 보니까 5만보 이상을 걷거나 오후 5시경 되면 발바닥에 통증이 오기 시작한다. 걷는데 발이 중요하니까 쉴 때마다 신발을 벗고 발을 주물러 주지만 큰 효과는 없는 것 같았다.

도보 여행길로 찾아온
이동준 주민자치위원장

7일차 도보여행은 6월 23일 아침 5시에 모닝콜이 울렸지만 어제 잠을 제대로 자지 못해서 그런지 더 자고 싶었다. 하지만 벌써부터 꾀를 부리면 도보여행이 불가능할지도 모른다는 생각이 들어 얼른 짐을 챙겨서 나왔다.

나를 본 어떤 사람이 "걸어서 다니십니까"라고 했다. "예, 도보여행을 하고 있습니다."라고 했더니 "왜 그 고생을 사서 하세요"라고 했다. 그래서 "제가 하고 싶어서 하는 것인데 제가 미쳤나보네요."라고 했더니 그 사람도 웃고 나도 웃었다. "국도 옆에 갓길로 가면 덜 위험하니까 조심해서 여행하세요."라고 했다. 다른 사람들이 보기에는 나이 먹은 사람이 삼복더위에 도보여행을 하는 것이 이해가 되지 않는 모양이다.

무더운 한 낮에는 어디 그늘에 앉아 쉬고 싶었지만 막상 도보여행을 하다 보니 그런 장소를 찾기가 쉽지 않았다. 4차선 이상의 국도에는 가로수가 없는 곳이 많고, 혹 가로수가 있더라도 크기가 작아 그늘이 없다. 한 낮 더울 때는 잠깐 스쳐지나가는 가로수 그늘도 시원함이 느껴진다. 한 낮에는 햇볕이 머리 위에서 내리쬐기 때문에 가로수가 있다고 하더라도 그늘이 작다.

아침에는 문을 연 식당이 거의 없어 식당을 찾기도 힘들다. 점심식사도 조금 이르다며 다음에 보이는 식당에서 식사를 하자고 생각하고 더 걷다가는 한 동안 식당을 만나지 못해 어떤 때는 점심식사를 3시가 넘어서야 먹을 때도 있다. 물론 시내에는 식당이 있겠지만 내가 걷는 길이 주로 시골길이나 외곽이다 보니 식당을 찾는 것이 쉽지 않다.

안면도 방향으로 이동하다가 몽산포 해수욕장 방향으로 이동했다. 걸어가는 길옆에 뽕나무에 오디가 많이 달려 있었다. 어릴 때 뽕나무 밭에서 오디를 따 먹던 생각이 나서 오디를 많이 따 먹었다. 오디를 따 먹어 입술이 까매져서 돌아다니던 생각이 났다.

몽산포 항으로 내려가니까 문을 연 식당이 여러 개 있었다. 아침을 회덮밥으로 먹고 다시 도로로 올라와서 몽산포 해수욕장 방향으로 이동했다. 해안가 소나무길이 정말 아름다웠다. 태안해변길인 '솔모래길'로 걸어가고 있는데 시흥시로 승격되고 건설과에서 첫 근무를 함께 했던 차선호에게서 전화가 왔다. 몸은 괜찮은지. 대단하다는 등 격려전화를 한 것이다. 내가 매일 페이스 북에 여행기를 띄웠더니 그것을 본 모양이다.

차선호는 시흥시청에 와서 첫 근무를 같이 했었는데 도청에 전입시험을 봐서 지금은 도청에 근무하고 있다. 집이 수원이라 퇴근할 때는 수원시외버스터미널에서 닭 꼬치랑 생맥주를 한 잔 하곤

했었는데 도청으로 발령이 나고, 나도 시흥으로 이사를 한 후에는 보기가 어려웠는데 응원전화를 주니까 반가웠다.

'솔모래길'이나 태안지역에는 소나무가 많은데 소나무가 잘 가꾸어져 있어서 정말 보기가 좋았다. 잘만 관리하면 소나무가 나중에는 정말로 큰 관광자원이 될 것이라는 생각이 든다, 혼자서 도보여행을 하다가 보니까 누구와 이야기를 나눌 수도 없고 기념사진을 촬영하고 싶어도 마음대로 찍기가 쉽지 않다.

'솔모래길'을 찾아 걸어가는데 끌고 다니는 가방의 바퀴가 모래에 빠지니까 끌기가 힘들어서 진행할 수가 없었다. 중간에 빠져나와 큰 길로 이동하는데 태안군 남면사무소 근처를 지나는데 김순분 국장이 이노근 면장을 만나보라고 하여 면사무소로 향했다. 카카오 맵에 표시된 길을 따라갔는데 길은 사라지고 논두렁길로 변했다.

솔모래길

논두렁길도 끊어지고 농협창고 건물이 나타났다. 울타리가 쳐져 있었지만 낮아 안으로 들어갈 수 있어서 안으로 들어갔다. 밖으로 나가려고 했더니 울타리가 쳐져 있는데 문이 밖에서 잠겨 있었다. 간신히 개구멍을 찾아 밖으로 나왔다. 면사무소에 잠시 들러 차 한 잔 마시고 나와서 일정을 다시 시작했다.

면사무소를 빠져나와 바로 식당이 있었으나 시간이 점심식사를 하기에는 너무 일러 그냥 더 가다가 식사를 하려고 하는데 가도 가도 식당이 보이지 않았다. 오후1시경 도로 건너편에 식당이 보이는데 중앙분리대가 높아 건너갈 수 없어서 사거리까지 갔다가 식당까지 되돌아가서 식사를 하려고 하는데 메뉴판에 제육 덮밥이 1인분, 2인분으로 판매를 하는 것이 아니라 '大'와 '中'으로 되어 있었다.

제육덮밥이 대와 중으로 되어 있는 곳은 처음 봤다. 대부분 1인분에 얼마라고 적혀있는데 이곳에는 제육덮밥이 大는 600g에 4만원, 中은 300g에 2만원으로 되어 있었다. 하는 수 없이 中으로 시켜서 먹었다. 식사를 하면서 식당에서 준 물 1통을 다 마셨다. 식사를 마치고 준비한 물병이 모두 비어 물병 4개에 다시 물을 채웠다.

이동준 주민자치위원장이 보령에 있다며 가는 길에 들리겠다고 해서 이동하지 않고 식당에서 쉬면서 기다리다가 만났다. 동에 근무할 때 매일 보던 얼굴이지만 도보여행을 하는 중 여행지에서 만나니까 다른 느낌이 들었다.

점심식사를 마치고 안면우체국에 들려 관광통신일부인을 날인하려고 부지런히 걸었지만 아직 3㎞나 남아있는데 5시 40분이었다. 시간이 부족할 것 같아서 택시를 타고 가서 엽서 20매를 구입하여 관광통신일부인을 날인했다. 이번 도보여행을 하면서 관광통신일부인을 사용하는 우체국을 들려 최대한 확보할 계획이다.

내일은 영목 항에서 보령으로 넘어가는 배를 타야 해서 전화로 문의했더니 첫배가 아침 8시에 출발하는데 늦어도 7시 30분까지는 와야 한다고 하고, 다음 배는 오후 5시에 있다고 했다. 첫 배를 탈 수밖에 없어 안면읍에서 묵으면 일찍 일어난다고 하더라도 배 시간을 댈 수가 없어서 영목 항까지 이동했다.

영목 항에 도착하여 콩나물해장국을 먹고 식당주인이 소개해주는 모텔은 4만 원인데 식당에서 소개해줬다고 하면 3만 원에 해주니까 그리로 가라고 했다. 모텔에 갔더니 4만 원을 달라고 하여 식당에서 소개해 줬다고 하면 3만원에 해준다고 해서 이리로 왔다고 하니까 현금으로 내면 3만 원을 내라고 했다.

숙소에 짐을 넣어 놓고 주변 관광을 하는데 영목 항과 보령시를 연결하는 다리를 건설하고 있는데 2020년에 완성된다고 한다. 앞으로는 배를 타지 않고 차로 바로 갈 수 있어서 시간도 많이 단축되고 관광객들도 더 많이 찾아 올 것 같다.

오늘 걸음 수는 60,120보이고, 이동거리는 50㎞이다. 아침에 모텔에서 나올 때 물을 4병 가지고 나왔고, 아침식사를 하면서 식당에서 주는 물을 한통 다 마셨고, 점심식사를 하면서도 식당에서 주는 물 한통을 다 마셨다. 식당에서 채운 물을 2병이나 더 마셨음에도 소변을 한 번도 보지 않았다.

우리나라를 한 바퀴 도는데 4개월은 걸릴 것이라고 예상하고 날씨가 추워지면 텐트에서 잘 수 없을 것이란 생각만하고 춥기 전에 도보여행을 마치려고 서둘러 6월 17일 출발했더니 날씨가 너무 더웠다. 한 낮에 땀이 비 오듯 흘러내리지만 걸을 수밖에 없다보니 땀으로 모두 빠져나간 모양이다.

도보여행을 하면서
처음 만난 카페

8일차 도보여행은 6월 24일 대천 항으로 가는 첫 배가 8시에 떠나다보니 평소보다 시간이 남아 다른 날보다 조금 늦은 6시에 일어나 근처 식당에서 콩나물국밥을 먹고 영목 항에서 8시 10분에 출발하는 배를 타고 몇 개의 섬을 거쳐 대천 항에 도착하니까 9시경 되었다. 요금은 8천 원이다.

대천에서 원산도 까지는 해저터널 공사가 진행되고 있고, 원산도 - 안면도 연육다리가 추진되고 있으며, 드로니아 항과 안면도 백사장을 연결하는 다리가 놓여 있고, 솔빛대교(대천 - 안면도 연결다리)는 많이 진척을 보이고 있는데 내년 5월중에 준공된다고 한다. 웬만한 섬은 다리나 해저터널로 연결되고 있어 몇 년 후에는 승용차로 얼마든지 들어갔다 나올 수 있을 것 같다.

이렇게 다리가 연결되는 것이 지역에서 장사를 하는 사람들에게는 반드시 좋은 것만은 아닌 모양이다. 전에는 들어오면 하룻밤을 자고 갔는데 이제는 차로 언제든지 나갈 수 있으니까 늦게라도 집으로 돌아간다는 것이다. 차를 가지고 올 수 있으니까 먹을 것도 싸가지고 온단다.

더 많은 사람들이 섬을 찾겠지만 도로를 개설하거나 다리를 건설하면 누구에나 좋은 것이 아닌 것이다. 좋은 사람이 있는 반면 싫은 사람도 있는 것이다. 이익이 되는 사람이 있는 반면 손해를 보는 사람도 있다.

도보여행도 마찬가지다. 도보여행이 빠르지는 않지만 천천히 걸어가며 머무르고 싶은 곳이 있으면 마음대로 더 머무를 수 있고, 더 가고 싶으면 더 갈 수 있다. 천천히 이동하면서 차량을 통해서 이동할 때는 볼 수 없는 것을 볼 수도 있다. 지나가면서 만나는 사람들과 이야기를 나눌 수도 있다.

대천해수욕장 바닷가를 걸으면서 보니까 오래 전 대천해수욕장의 모습과 완전히 달라졌다. 각종 볼거리도 많이 생겼고, 건물도 대형건물들이 많이 들어차 있었다. 10시 50분경 도보여행을 하면서 처음 만난 카페에 들려 아메리카노 한 잔을 마시면서 잠시 쉬었다. 도보여행을 시작할 때는 더운 낮에는 카페에서 쉬면서 여행

대천해수욕장

기를 쓰려고 했다. 그런데 예상과는 달리 걸어가는 길이 시골길이
다 보니 카페가 보이지 않았다.

차 한 잔 마시고 다시 길을 재촉했다. 대
천해수욕장에는 아직 본격적인 휴가철이
아니다 보니까 방문객이 많지는 않았지만
그래도 아이들과 같이 온 가족단위 방문객
들은 꽤 있었다. 대천해수욕장은 보령시에
서 정한 보령8경 중 제1경이다.

대천해수욕장을 지나 남포방조제를 타고
가다가 죽도에 들려 상화원에 들어가 점심
을 먹으려고 했더니 상화원에서는 식당이
없다고 하여 근처 식당으로 가서 바지락 칼
국수를 시켰다. 1인분도 두말없이 해주시

대천해수욕장 카페

는 할머니가 고마웠다. 할머니에게 1인분을 안 해준다고 할까봐
걱정을 했다고 했더니 다른 것도 해달라면 다 해준다고 했다. 칼
국수를 맛있게 먹고 나왔다. 다음에 근처를 지날 일이 있으면 다
시 방문할 예정이다.

식사 후 상화원(尙和園)에 들렀다. 입장료는 6천원인데 영수증을
가지고 웰컴센터 역할을 하는 의곡당에 들리면 시원한 아메리카
노 아이스 1잔과 떡 1개를 준다. 계단이 많아 끌고 가는 가방이 있
으면 불편할 것 같아 끌고 가는 가방은 사무실에 맡겨 놓고 산책
로를 따라 걸었다.

의곡당은 고려 후기 건축으로 추정되는 화성 관아를 이건해 복원한 것이라고 했다. 산책로는 정원의 둘레를 휘감는 1㎞가 넘는 지붕 회랑으로 되어 있다. 상화원에는 복원된 9채의 한옥이 있다고 하는데 사전에 예약을 한 사람만 들어갈 수 있다고 한다. 상화원에는 카페나 식당이 전혀 없고 식당은 외부에 있는 식당을 이용하게 하고 있다. 해변 독서실, 해변연못, 조각공원, 해송의 숲, 하늘정원 등이 있다.

상화원 의곡당

상화원을 나와 다시 방조제위를 걸어 방조제가 끝나는 지점인 보령요트경기장까지 걸어갔다. 방조제를 걸어 올 때는 요트들이 움직이는 것이 보였는데 막상 요트경기장에 도착해보니 요트는 한대도 보이지 않았다. 요트 타는 모습을 보고 싶었는데 아쉬웠다.

요트경기장을 나와 용두 해수욕장을 지나 무창포 해수욕장으로 이동하는데 비가 내리기 시작했다. '커피앤조이'라는 카페가 보여 비도 피할 겸 들어갔다. 커피앤조이는 카페만 운영하는 것이 아니라 펜션도 운영하고 있었다.

방이 있느냐고 했더니 몇 명이냐고 하여 혼자라고 하니까 6만원을 내라고 했다. 5만원으로 해달라고 했더니 개인이 운영하는 것이 아니라서 마음대로 깎아 줄 수 없다고 했다. 원래 10만원인데 6만 원 이하로는 안 된다고 했다. 커피를 마시며 비가 그치기를 기다렸으나 비가 그칠 기미가 보이지 않았다. 아메리카노 아이스를 시켰는데 4천 원인데 도보여행을 하신다고 하여 3천5백 원으로 5백 원을 깎아 준 것이라고 했다. 무작정 앉아서 비가 그치기를 기다리고 있으니까 카페 직원이 무창포까지 3분이면 갈 수 있으니까 태워주겠다고 하여 차를 타고 무창포까지 이동했다.

무창포에서 내려 민박집이라고 쓰인 집에 할머니가 보여 얼마냐고 했더니 4만 원이라고 했다. "3만 원에 해주세요."라고 했더니 "3만 원을 받은 적이 없는데…."라고 하시더니 그러라고 했다. 오후 3시 30분이면 다른 날 같으면 한창 걷고 있을 시간인데 비가 와서 더 이상 진행하기는 어려웠다. 옷이 젖는 것은 괜찮은데 신발이 젖으면 내일 일정에 차질이 생긴다. 씻고 여행기록을 정리하고 있는데 비 소리가 크게 들렸다. 소낙비가 내리기 시작했다. 더 진행하지 않기로 한 것이 잘했다는 생각이 들었다.

오늘 걸음 수는 30,261보이고 이동거리는 22㎞이다. 비가 제법 내리는 바람에 많이 걷지 못했다. 얼마 이동하지는 못했지만 오랜만에 주인을 잘못 만난 발은 쉴 기회를 얻은 것이다. 쉴 때마다 신발을 벗고 발을 주물러 주면서 발아 고맙다. 도보여행을 완주할 수 있도록 도와다오. 하루에 10시간 이상 강행군을 하다 보니 발에 무리가 갈 수밖에 없다.

도보여행하면서 교회에 출석하는 여행자

내려놓은 짐

9일차 도보여행은 6월 25일 무창포 민박 집에서 5시에 나와 무창포 해수욕장을 한 번 둘러보고 바로 군산을 향해 걸었다. 방조제 방향으로 갔다가는 아예 아침을 먹을 수 없을 것 같아서 방향을 웅천 방향으로 잡았다. 버스승강장에서 쉬면서 노인을 만났는데 버스를 기다린다고 했다. 노인은 버스를 기다리고 있었는데 노인이 버스를 타고 가자고 하는데 그냥 걸었다. 내가 웅천에 도착하도록 버스는 오지 않았다.

'사천 버스승강장'에 앉아서 쉬고 있는데 양수기로 물을 푸던 노인분이 다가왔다. 노인과 한참 이야기를 나누는 시간을 가졌다. 노인이 시골에는 노인만 있어 이앙기에 비료살포기가 달려있다고 했다. 비료도 한번 만 줘도 되는 '단 한번'이라는 비료가 있다고 한다. 전에는 비료를 모내기 할 때, 중간 거름, 이삭 거름을 주어 모두 3번을 줘야했다.

그런데 이제 농촌에 노인만 있으니까 비료 주는 방법도 달라지고, 비료 포대의 크기도 25㎏에서 20㎏으로 줄어들었다고 한다. 우리나라 농촌에는 노인만 있고 젊은 사람은 없으니까 걱정된다. 노인 분에게 성함이 어떻게 되시느냐고 했더니 '나재운'이라고 했다.

웅천에 도착하여 한송정이라는 식당에서 다슬기 해장국을 먹고 다시 걷기 시작했다. 도로확포장공사가 진행되고 있었다. 포장은 다되어 있었지만 차량을 통행시키지 않는 곳이 있었다. 차는 통행하지 못하지만 사람은 걸어갈 수는 있었다. 이곳을 통해 걸으니까 차가 다니지 않아 신경을 쓰지 않고 걸을 수 있어 정말 좋았다.

차량이 다니지 않는 도로를 타고 가다가 11시가 조금 넘었을 때 **구복교회**(서천군 비인면 1410-50)가 보였다. 예배를 드리고 나오는데 목사님이 짜장밥으로 점심식사를 준비했는데 같이 점심식사를 하고 가라고 해서 같이 점심식사를 했다.

구복교회

시골 교회라서 그런지 출석한 교인이 대부분 노인이었다. 식사를 하면서 노인 몇 분과 이야기를 나누었는데 이것이 시골교회의 현실이라고 했다. 앞으로가 참으로 걱정이라고 했다. 젊은 청년들이 있는데 교회를 나오지 않는 것이 아니라 시골에 젊은 사람이 살지 않으니까 노인들만 출석하고 있다는 것이다.

우리가 젊었을 때는 모내기는 동네서 일을 할 수 있는 사람은 모두 나와서 함께 일을 했다. 노인들은 모를 찌는 일을 하고 젊은 남자는 모를 모내기하는 논으로 옮기는 일을 했다. 부자 집 모내기를 할 때는 밥을 내오는 아낙네의 행렬이 길었다. 모내기 할 때 마른 새우를 넣은 아욱국이 나오는데 나는 아욱국을 제일 좋아했다. 밥을 먹고 나면 가마솥에서 긁어온 누룽지가 맛이 구수했다.

내가 처음 모내기에 참여했을 때 동네에서 가장 손이 빠른 젊은 여성 두 명이 내 옆에 섰다. 내가 자리를 바꾸면 나를 따라와 내 옆에 선다. 나 있는 쪽으로 올 때는 천천히 오고 반대편으로 갈 때는 재빨리 간다. 줄을 넘기는데 펑크가 날락말락하게 간격을 유지한다. 논 한배미가 끝날 때까지 허리 한번 펴보지 못했다. 일을 처음 하는 사람에게 신고식을 하게 하는 것이다. 허리가 끊어질 듯 아프다.

가을에는 벼 베기나 탈곡은 젊은 사람 8명이 한조가 되어 두레를 엮어서 공동으로 일을 했다. 그 때는 농촌에 젊은 사람들이 많으니까 가능했다. 지금은 모두 기계화되어 모내기는 이앙기가 하고, 농약살포도 항공방제나 드론방제로 한다. 그리고 논이나 밭을 가는 일은 트랙터가 한다. 모든 일을 기계가 하지만 기계를 조작하는 것은 젊은이가 있어야 하는데 농촌에 노인만 있으니까 앞으로 농사일을 누가 할지 걱정이 된다.

내일은 새만금 방조제를 건너가려면 오늘은 군산까지는 걸어가야 했다. 군산까지 가려고 부지런히 걸었더니 다리에 무리를 주는 것 같아 금강 하구둑(장항근처)에서 모텔에 들어왔더니 1박에 2만5천원이라고 했다. 방에 짐을 넣고 밖에 나가 우족탕을 먹고 들어와 여행기를 페이스 북에 올리고 집사람에게 전화를 했다. 방값이 싸서 그런지 에어컨도 잘 안 되고 시설은 엉망이었다.

도보여행을 하면서 좋은 호텔에서 잘 생각은 아예 하지 않았다. 시설은 안 좋아도 씻을 수 있고, 옷은 빨 수 있다. 이 정도면 좋은 숙소가 아닌가. 1인용 텐트에서 자려면 땀이 나서 몸이 끈적끈적해도 닦을 곳이 없고, 땀에 찌든 옷을 빨 수도 없다. 에어컨은 없지만 드라이는 있으니까 옷을 빨아 말릴 수도 있으니 얼마나 다행스러운 일인가.

누군가가 도보여행을 하면서 포기하고 싶은 생각이 들었을 때는 없었느냐고 물었다. 6.25때 아버지는 아무것도 없이 월남을 하시면서 얼마나 고생을 하셨을까 하는 생각이 들었다. 그 때보다야 훨씬 나을 것이라는 생각을 하며 걸었다. 아버지는 더한 고통도 이겨내셨는데 이 정도도 극복을 하지 못한다면 앞으로 무슨 일을 하겠다고 도전하겠는가?

오늘 걸음 수는 68,151보(누계 498,064보), 거리는 51km(누계 380km)이다. 많은 사람들이 하루에 35km 정도만 걸으라고 한다. 너무 무리하면 완주하지 못할 것이라고 한다. 하루에 몇 보나 걸을 수 있을까? 하루에 몇 km나 걸을 수 있을까? 하루에 몇 보를 걸을 수 있는지, 하루에 몇 km를 걸을 수 있는지 확인해 보고 싶다.

하루나 이틀 걷는 것이라면 하루에 몇 보나 걸을 수 있는지 한 번 걸어보고 싶다. 하지만 하루 이틀 걷는 것이 아니라 우리나라 해안가를 한 바퀴 돌아야 하니까 내일을 생각해야 한다. 앞으로 기회가 되면 하루에 얼마나 걸을 수 있는지 한 번 걸어볼 생각이다. 1시간에 걷는 거리는 사람마다 다르다. 내가 하루 동안 걸을 수 있는 거리는 얼마이고 걸음 수는 얼마인지 확인해보고 싶다.

군산에서 어렵게 받은
아침상이 진수성찬이다

10일차 도보여행은 6월 26일 5시에 일어나 출발했다. 숙소에서 나와 얼마 지나지 않아 금강이 나왔다. 금강을 건너니까 전라북도 군산시다. 충청남도를 벗어나 전라북도에 도착한 것이다. 새만금 방조제를 향하여 걷고 있는데 7시 10분경 빗방울이 떨어지기 시작했다. 주변을 살펴보니까 한증막이 보여 찾아갔더니 아주머니가 여성전용이라고 했다. 돌아서는데 아주머니가 오늘 수확한 오이라며 여행하면서 먹으라고 3개를 줬다.

다시 국도21호선으로 올라와 그냥 비를 맞으며 걸었다. 조금 진행하는데 도로표지판에 자동차전용도로로 보행자는 진입하지 마라고 표시되어 있었다. 하는 수 없이 군산시청 방향으로 우회하여 진행하면서 아침식사나 해결하려고 식당을 찾았다. 그런데 가도 가도 식당이 보이지 않았다. 시내 구간임에도 식당이 보이지 않았다.

다행히 문이 열린 식당이 있어 찾아 들어갔으나 밥이 없다며 쭉 직진하면 콩나물 해장국집이 있으니까 그 집으로 가 보라고 했다. 시내니까 아침식사는 문제가 없을 것이라고 생각했으나 문을 연 식당이 없었다. 한 참 걸어가다 불이 켜진 식당이 있어 들어갔더니 이제 출근했다며 밥이 없다고 했다. "그냥 기다릴 테니 되는 대로 해주세요."라고 했더니 11시가 되어야 한다고 했다.

군산 시청 근처에서 해장국집 간판이 보여 갔더니 입구에 '정기 휴일'이라는 안내판이 걸려있었다. 다시 걷다가 불이 켜진 식당이 있어 찾아들어 가면 밥이 없다며 주변에 다른 식당으로 가라고 했다. 이제 진행하다가 문이 열려 있는 식당이 있으면 들어가지 않고 밖에서 "아침식사 가능한가요"라고 물었더니 다행히 가능하다고 하는 식당이 있었다.

군산시청 근처에 있는 '최가네 식당'에 들어갔더니 할머니가 운영하는 식당이었다. 할머니에게 "밥 먹기 참 힘드네요."라고 했더니 주인 할머니가 "왜 혼자 가면 안 줘요? 저 집에서 뭐라고 해요? 밥 없다고 안 주죠? 혼자서 들어가니까 주지 않으려고 하는 거예요. 아침에 첫 손님이 혼자서 오면 재수가 없다며 밥을 안 주려고 해요. 뭐를 드실래요"라고 했다. 그래서 나는 "아무거나 챙겨주세요."라고 했다.

군산
최가네 식당

그런데 막상 상이 차려져 나온 것을 보니까 반찬이 11가지나 나왔다. 국도 무슨 고기 국인지는 몰라도 맛이 있었고 반찬도 모두 맛이 있었다. 할머니와 얘기를 나누다 보니 할머니는 인터넷으로 맛 집이라고 되어 있는 집들은 서비스도 엉망이고 맛도

별로 없다고 하셨다. 맞는 말이다. 무슨 TV에 맛 집으로 소개되었다는 현수막이 붙어 있는 식당에 들렸다가 실망한 적이 많다. 요즈음에는 방송국에 돈을 주면 맛 집이라고 방송에 내보내는 것이 현실이다 보니 방송에 나온 집이라고 해서 맛있는 집이 아니다.

할머니가 해주시는 밥을 맛있게 먹고 일어나려고 하는데 할머니가 음료수 1병을 주셨다. 음식 값이 꽤 비쌀 것으로 생각했는데 음식 값은 6천 원이라고 했다. 할머니에게 대접만 잘 받고 가는 것 같은 기분이 들었다. 이런 분을 만나게 하려고 다른 식당에서 외면당했다는 생각이 들었다.

식사를 마치고 식당에서 나오니까 밖에는 비가 내리고 있었다. 이슬비라서 무시하고 진행하는데 빗발이 점점 더 굵어졌다. 버스승강장이 보여 얼른 버스승강장으로 가서 의자에 앉아 비를 피하며 핸드폰으로 인터넷을 검색했다. 비가 언제까지 올 것인가 봤더니 저녁때까지 계속 온다고 되어 있다.

이슬비는 걷기에 좋은데 비가 계속 내리면 신발이 젖으면 걷는데 문제가 생기니까 오늘은 근처 모텔에서 쉬어 가려고 모텔을 찾았다. 모텔비가 5만원인데 도보여행자라고 했더니 싸게 해준다며 4만원을 내라고 했다. 카드로 줬더니 그럼 4만원에 안 된다고 했다. 현금으로 계산하고 숙소로 올라가 잠시 쉬려고 누었는데 잠이 들었다. 집사람으로부터 전화가 와서 깼다.

밖을 살펴보니까 비가 오지 않았다. 근처 식당에서 간단하게 점심식사를 하고 짐을 챙겨 나왔더니 2만 원을 돌려줬다. 4시간미만은 대실로 2만 원을 받는다고 했다. 그 때 나오기를 잘했다. 그 후로는 비가 내리지 않았고, 비가 온 뒤끝이라서 그런지 무더위가 조금은 수그러들었다.

새만금 방조제를 향해서 부지런히 걸었다. 비응항까지 가려고 부지런히 걷다가 중간에 '문서방국밥집'이 보여 식당에 들어갔다. 식당에서 수육국밥을 시켜 다 먹었는데 여행을 하려면 많이 먹어야 한다며 밥을 1공기 더 먹으라며 가져왔다. 식사를 마치고 바로 나와서 진행하는데 비가 쏟아져 급하게 근처에 보이는 모텔로 이동했다.

새만금방조제 입석

모텔은 새 건물로 이때까지 사용했던 모텔보다 시설은 훨씬 좋았지만 요금은 3만 원이라고 했다. 몸을 씻고, 옷을 빨아 드라이로 말리면서 10일차 도보여행소식을 페이스 북에 올리고 태블릿 PC로 여행기도 정리했다. 오늘 걸음 수는 57,225보(누계 555,289보), 이동거리는 44km(누계 424km)이다.

오늘은 격려전화가 많이 왔다. 고등학교 동창회장을 맡고 있는 이양희 친구에게서 전화가 왔다. 양희는 페이스 북을 하지 않지만 다른 친구들에게서 내가 도보여행을 시작했다는 소리를 들은 모양이다. 동창 단체 카톡

방에 '친구 운영이가 도보여행하고 있으니까 응원을 부탁한다'라
고 올렸다. 친구들의 격려의 글이 올라왔지만 일일이 답장을 하지
는 못하고 이따금 소식을 올렸다.

승의 친구에게서도 도보여행을 시작했다는 소리를 들었다며 전
화가 왔다. 평소 자주 연락을 하지 못하는 친구들에게서 전화가 왔
다. 그리고 출발하면서 이따금 전화를 하는 이동준 위원장도 전화
하여 어디쯤 가고 있는지, 발은 괜찮은지 물었다.

새만금 방조제에서
교육동기생인 이옥신 면장을 만났다

11일차 도보여행은 6월 27일 새벽 4시 30분에 일어나 새만금 방조제로 이동하다가 비응항 근처 24시군산집에서 순두부백반으로 아침식사를 해결하고 서둘러 일정을 독촉했다. 부안에서 이옥신 면장을 만나기로 해서 빨리 걸어야 했다. 새만금 방조제를 걷다보니 2㎞ 마다 쉼터가 조성되어 있고, 차량은 쉼터부근에서만 뉴턴을 할 수 있도록 중앙선이 끊어져 있었다.

신시도 조형

신시도에는 각종 조형물도 만들어 놓고, 한국농어촌공사 건물이 크게 건립되어 있었다. 방조제의 길이가 33㎞로 길었다. 거의 다 나왔을 때 이옥신 면장이 왔다. 이옥신 면장은 전주에서 부안까지 도보여행 중인 나를 격려하기 위해서 1시간 30분이나 걸려 찾아 왔다. 처음에 내가 도보여행을 한다고 하는 소리를 들었을 때는 믿기지 않았는데 실제로 걷는 모습을 보니까 "정말 대단하다."며 끝날 때까지 매일 응원을 하겠다고 했다.

이옥신 면장과 부안군의 토속음식점인 '김인경원조바지락죽집'으로 이동하여 바지락죽과 뽕잎바지락전을 먹었다. 혼자서 여행하면서 1인분을 팔지 않아 토속음식을 먹기 어려웠는데 둘이 가니까 마음대로 시켜 먹을 수 있어서 좋았다. 같이 기념사진을 찍자고 했더니 늙은 모습을 보여주기 싫다며 거절하여 촬영하지 못했다.

점심식사를 맛있게 하고 이옥신 면장님 차를 타고 23번국도가 시작되는 곳에서 내려 걸어서 부안군 줄포면까지 걸어갔다. 중간에서 쉬려고 했는데 중간에는 모텔이 없고 줄포에 가야있다고 하여 줄포까지 걸었다. 걷다가 비가 올 때는 버스승강장에 앉아 기다리다가 비가 그치면 걷기를 반복했다.

비가 오지 않는 날은 한낮에는 날씨가 너무 더워 이마에서 땀방울이 비 오듯 쏟아졌다. 하루에 물을 9병이나 10병을 마셔도 소변을 한 번도 보지 않는다. 그렇게 땀을 많이 흘리다 보니 1㎞ 정도 걷다가 10분 쉬거나 30분 걷고 10분 쉬기를 반복하다 보니 쉬는 시간이 늘어나고 걷는 거리가 짧아진다.

비가 오는 날은 덥지 않아서 걷기에는 좋지만 땅이 젖어 아무데나 앉을 수도 없으니까 걷는 시간이 많아질 수밖에 없다. 가랑비가 내리면 입으려고 우비도 준비해왔고, 우산도 준비해왔지만 비가 오더라도 많이 내리지 않으면 우산도 쓰지 않고, 우비도 입지 않는다. 비가 오면 비에 옷이 젖고, 비가 오지 않으면 땀에 옷이 젖는다. 어차피 옷은 젖으니까 이슬비가 내리는 것이 더 좋다.

  그러다 보니 오늘은 오전에는 이옥신 면장을 만나기 위해 부지런히 걸어야 했고, 오후에는 이슬비가 내려 땅이 젖어 앉아서 쉴 수가 없으니까 다른 날보다 많이 걸을 수밖에 없었다. 71,818보(누계 621,107보), 거리는 55km(누계 479km)를 걸었다. 많이 걸은 만큼 발에서는 불이 났다. 발이 이제 그만 쉬어 가라고 한다. 다른 날은 쉴 때마다 신발 끈을 풀고 발을 주물러 줄 수 있는데 오늘은 땅이 젖어 앉을 수가 없다보니까 신발을 벗을 시간이 없었으니 발바닥에 무리가 갈 수밖에 없었고 통증도 심했다.

  방에 들어와 몸을 씻고, 빨래를 하고 발을 주무르고 나서 발바닥을 달래주려고 발바닥에 파스를 붙이고 양말을 신었다. 양말을 신지 않으면 뒹굴면서 자는 잠버릇 때문에 파스가 떨어져 나간다. 여행하면서 발이 가장 중요하다. 발에 문제가 생기면 바로 도보여행을 중단할 수밖에 없다. 주인을 잘 못 만난 발을 잘 달래줘야 내일 걷는데 문제가 없다. 출발할 때는 무릎과 발목에 통증이 악화될까 걱정을 했는데 막상 걸어보니까 무릎과 발목은 괜찮은데 발바닥에 오는 통증이 힘들게 한다.

성동면 파출소장이
시원한 물병과 야간 깜빡이 가져왔다

12일차 도보여행은 6월 28일 부안 줄포 숙소에서 나오는데 밤에 비가 왔는지 땅이 촉촉하게 젖어 있었다. 숙소에서 나와 걷는데 안개가 짙게 끼니까 안경에도 안개가 끼어 앞이 잘 보이지 않았다. 오늘은 국도 23호선을 걷고 있었는데 어제와는 달리 도로에 버스승강장이 보이지 않았다. 힘들 때 쉬었다가기 좋은 곳이 버스승강장인데 오늘은 그럴 수가 없었다. 가다가 흥덕에서 아침을 먹을 생각이었는데 도로가 흥덕 외곽을 지나가기 때문에 식당이 나오지 않아 더 걸을 수밖에 없었다.

조금 더 걸어가다가 주유소 옆에 '명성장어'라는 식당이 있는데 문은 열려있는데 불은 켜져 있지 않았지만 문을 열고 들어갔다. 아주머니가 "지금 출근했는데…."라고 하기에 "그냥 아무거나 먹을 것을 주세요." 하고 앉았다. 그랬더니 된장찌개를 해서 줬다. 맛있게 식사를 마치고 다시 발길을 재촉했다.

고창 읍내를 지나갈 때 점심식사를 하기에는 좀 이른 11시 15분이었지만 식당이 보여 그냥 지나치면 언제 다시 식당이 나올지 몰라 들어가서 우렁된장찌게를 먹고 다시 길을 나섰다. 경찰순찰

차가 앞에 서 있다가 내가 가까이 가자 경찰이 나오더니 "어디 가세요? 위험한데 도로를 왜 걸으세요?"라고 물었다.

"도보여행을 하고 있으며 경기도 시흥에서 여기까지 걸어왔습니다. 오늘이 12일차입니다."라고 대답했더니 "대단하시네요. 어디까지 가세요?"라고 했다. "목표는 강원도 고성인데 건강이 허락될지 모르겠어요."라고 했더니 "정말 대단하시네요. 좋은 여행하세요. 완주하세요."하고는 돌아갔다.

조금 더 걸어가다가 도로 바닥에 앉아서 쉬고 있는데 그 경찰이 또 찾아왔다. "쉬고 계시네요." 하면서 "날씨가 너무 더워서 시원한 물 1병과 밤에 걸을 때 위험하니까 반짝반짝하는 것을 달고 다니라고 2개 가져왔어요." 했다. 내가 누구시냐고 물었더니 "성송면 파출소장이에요."라고 했다. 이름표에는 '오세광'이라고 적혀 있었다. "정말 대단하세요. 꼭 성공하세요!" 하고는 돌아갔다.

전에는 경찰을 보면 피하고 싶었는데 이렇게 친절한 경찰도 있구나 하는 생각이 들었다. 우리나라의 경찰이 다 저런 경찰만 같았으면 좋겠다는 생각이 들었다. 오세광 파출소장과 헤어져 걷고 있는데 갑자기 소낙비가 내렸다.

오전에 이소영 팀장이 오늘 국지적으로 소낙비가 온다고 했다며 우비를 준비하라고 하여 만일을 위해서 끌고 다니는 가방 맨 위에 우리를 올려놓았다. 신속하게 우비를 꺼내 입고는 비를 맞으며 걸었다. 한참 걸으니까 비는 그쳤지만 우비를 말리기 위해서 한 동안 우비를 입고 걸었더니 땀이 났다.

영광에 도착하여 모텔을 잡으며 할인을 해달라고 했더니 전국 학생 배구대회가 있어서 방이 부족한 상태라서 모텔비를 깎아 줄 수 없다고 했다. 어쩔 수 없이 4만 원을 주고 자기로 했다. 방에 짐을 넣어 놓고 근처 식당에서 조기백반을 먹었다. 방에 들어와서 12일차 여행기를 페이스 북에 올렸다.

여행기를 페이스 북에 게시하니까 소식을 궁금해 하는 지인들이 있다. 지인들에게 소식을 알려 주는 것이 도리라고 생각되어 여행기를 올린다. 페이스 북에 여행기를 게시하니까 지인들이 댓글로 응원을 해주고 있다. 오랫동안 연락이 없었던 지인들이 댓글로 격려를 해주고 전화를 주니까 힘이 생긴다. 매일 잠을 자기 전에 페이스 북에 그날그날의 도보여행 내용을 올리기로 했다.

어제 만난 이옥신 면장은 건강에 문제가 없는지 걱정이 된다며 안부전화를 했다. 이옥신 면장은 내가 도보여행을 한다니까 처음에는 믿지 않다가 진짜 도보여행 하는 모습을 보고는 대단하다며 거의 매일 응원전화를 한다. 5급 공무원 교육을 받을 때 옆자리에 앉았던 인연이 있었을 뿐인데 멀리 전주에서 부안까지 응원해주려고 직접 찾아왔다.

6월 30일까지 출근해야 하는데 10일 휴가를 쓰고 미리 도보여행을 떠나면서 유관단체장에게 인사도 못하고 나왔다. 정왕3동 총무 방경환씨에게 내일 유관단체장 및 회원들에게 '3년 동안 도와주시고 덕분에 무사히 퇴직할 수 있었습니다. 도와주셔서 고맙습니다. 지금은 도보여행을 하고 있습니다.' 라고 문자를 보내달라고 했다.

이옥신 면장님과 통화가 끝나고 집사람에게 전화를 했다. 어떤 날은 아내가 전화를 먼저 하고 어떤 날은 내가 먼저 전화를 한다. 이번 여행이 아내의 동의가 없었으면 불가능한 일인데 아내가 동의해 주고 응원을 해주니까 가능한 일이다. 아내가 정말 고마웠다.

내가 도보여행을 한다고 하니까 지인이 여행 중에 조심해야 할 것이 '여자'라고 했다. 지인 중에 한 명이 도보여행을 하려고 하는데 아내가 동의를 하지 않아서 실행에 옮기지 못하고 있다는 사람이 있다. 지인이 여성을 조심하라는 이야기를 할 때 흘려 넘겼다. 배우자의 입장에서 이런 문제로 동의하지 않는 경우가 있는 모양이다. 나를 믿고 동의해준 아내가 정말 고마웠다.

오늘 걸음 수는 68,084보(누계 695,191보), 거리는 52㎞(누계 531㎞)이다. 하루에 몇 ㎞를 걷는 것이 적당할까? 어떤 사람은 35㎞가 적당하다고 하고, 어떤 사람은 20㎞가 적당하다고 한다. 내가 더운 여름에 10일 정도 걸어보니까 하루에 40㎞는 충분히 걸을 수 있을 것 같다. 봄이나 가을이면 45㎞ 이상을 걷는 것도 문제없을 것 같다.

저녁 식사를 하며
농대를 다니고 있는 젊은 친구를 만남

13일차 도보여행은 6월 29일 새벽 5시에 영광읍 소재 모텔을 나와 함평 방향으로 길을 잡았다. 진행방향이 면소재지를 지나기 때문에 아침식사는 문제가 없을 것이라고 생각했는데 불갑면 면소재지가 작다보니까 음식점도 없을 뿐만 아니라 아침을 해주는 식당은 아예 없었다. 하는 수 없이 더 진행하다 보니 낚시터에 '팔도강산'이라는 식당이 보였다.

아직 불이 켜지지 않았지만 문을 밀었더니 열렸다. 아침을 먹으려고 한다고 했더니 아직 준비가 안 됐다고 했다. "도보여행자

불갑면 팔도강산

인데 아침을 해주는 식당을 찾았지만 찾을 수가 없어서 그러니까 아무거나 주세요."하고는 자리에 가서 앉았다.

주인양반도 젊었을 때 땅끝마을에서 강원도까지 도보여행을 했었기 때문에 도보여행자의 애로사항을 잘 안다며 김치찌개를 준비해줘 맛있게 먹었다. 주인양반은 전국노래자랑에 출연했다며 식당에 관련사진을 많이 붙여 놨다.

함평에서는 매년 9월20일부터 10일간 상사화축제가 열린다고 했다. 평소에는 5분이면 가는 길을 축제 때는 1시간 30분 이상이 걸린다고 했다. 상사화는 함평에 용천사, 영광에 불갑사, 고창에 선운사에 피는데 영광이 규모가 가장 크다고 했다.

아침식사를 마치고 함평으로 이동하여 시내로 들어가지 않고 방조제를 거쳐 목포로 가는 길을 선택했다. 지나는 길에 기사식당이 있어서 기사식당에서 백반으로 점심을 먹었다.

무안으로 이동하여 현경면 소재지에서 곰국을 먹으며 민박이나 모텔이 있느냐고 물었더니 현경면에는 없고 망운면에 가야 있다고 했다. 식사를 마치고 나오는데 농대를 졸업했다는 식당주인의 아들이 자신이 마시는 음료수인데 걷는데 도움이 될 것이라며 1병을 줬다. 현경면에서 망운면 소재지까지는 약 2㎞이다. 조금 걸어가고 있는데 식당주인 아들이 망운면에 갈일이 있어서 간다며 트럭에 태워주겠다고 했다. 아들과 이야기를 할 겸 차에 올랐다.

농촌에 젊은 사람들이 없다고 하는데 젊은 사람이 농사일을 하겠다고 하는 것이 대단했다. 나를 망운면 소재지에 내려주고 바로 돌아가는 것을 보니까 일이 있어서 온 것이 아니라 나를 태워주려고 했던 모양이다. 마음씨가 정말 고마웠다.

모텔을 찾는데 모텔이 아니라 상호가 무안국제호텔이라고 되어 있다. 가격이 비쌀 것 같아서 다른 곳을 찾았으나 다른 곳에는 모텔이 없어서 그냥 무안국제관광호텔로 들어갔다. 도보여행을 하는 사람인데 혼자라고 했더니 숙박비가 4만 원인데 3만5천 원만 달라고 했다. 내가 "12일 동안 여행을 하면서 보니까 2만5천 원에서 3만 원까지 해주던데 싸게 해주세요." 했더니 3만 원을 내라고 했다.

방에 들어가자마자 샤워를 하고 옷을 빨아 말렸다. 옷을 말리면서 양말 말리는 것에 가장 신경을 썼다. 축축한 양말을 신었다가는 발을 상하게 할 수도 있어서 바짝 말렸다. 집사람과 통화를 하고, 페이스 북에 '13일차 도보여행을 마칩니다.'라고 게시하고 태블릿 PC를 꺼내어 여행기를 정리했다.

오늘 걸음 수는 64,885보(누계 760,075보), 거리는 50km(누계 581km)이다. 걸으면서 무안이 양파주산지라서 그런지 양파를 가득 실은 트럭이 지나가는 것을 많이 볼 수 있었다. 오늘은 걷고 있는데 김영철 의회 의장이 격려전화를 했다. 페이스 북에 올려주는 글을 잘 읽고 있다고 했다.

세월호가 안치되어있는
현장을 지나며

14일차 도보여행은 6월 30일 5시에 숙소에서 나와 무안 망운면을 떠나 목포를 향해 걷기 시작했다. 조금 걸으니까 목포국제공항이 나왔다. 공항 울타리를 타고 걸어가는데 공항은 조그마한데 활주로 길이 때문인지 길이는 꽤 길었다. 공항을 벗어나 조금 걷다가 6시 반 정도 되었는데 주유소 옆에 '공항맛집'이 보여 들어갔다.

평소 8시에서 9시 사이에 만나는 식당에서 식사하기로 했었는데 며칠 동안 도보여행을 하다 보니까 그렇게 고집을 부렸다가는 아침을 못 먹을 수도 있겠다는 생각이 들었다. 이제부터 5시 숙소에서 나와서 문을 연 식당이 있으면 그냥 식사하기로 했다.

식당에 들어갔더니 무슨 음식을 먹을 것이냐고 하여 "무안에 가면 벌 낙지를 먹으라고 해서 왔는데…." 했더니 남자 주인이 주방에 낙지볶음 1인분을 주문하니까 주방에서 1인분은 안 된다고 하는 모양이다. 남자 주인이 "무안에 가면 벌 낙지를 먹으라고 해서 왔다는데 그냥 해주라!"고 하는 소리가 들렸다. 다행히 잠시 후 4명이 들어왔는데 1명이 벌 낙지를 주문하니까 남자 주인이

"반씩 나누면 되겠네!"했다. 잠시 기다렸더니 낙지볶음밥이 나왔다. 주인장의 배려로 맛있게 아침식사를 하고 출발했다.

식당에서 나와 걷고 있는데 표지판에 '톱머리 해수욕장'라고 되어 있어서 어떻게 생겼기에 톱머리 해수욕장이라고 할까? 궁금해서 들어가 봤더니 물이 들어와서 그런지 모래사장은 보이지 않았다. 다시 일정을 시작하여 걸어가는데 밭에 대규모로 태양광 발전시설이 설치되어 있는 것이 보였다. 밭에 농작물을 재배하지 않고 태양광 발전시설을 설치한 곳이 많이 보였다.

목포시 경계를 조금 지나 주유소 옆에 소머리국밥 집이 있어 점심식사를 해결하고 목포대학교 앞을 지나는데 갈림길이 나왔다. 목포시내로 들어가지 않고 해남방향으로 1번 국도를 타고 이동했다. 목포대교 근처에 이르니까 비가 내리기 시작했다. 우비를 꺼내 입었다. 목포대교를 걸어서 건너가려고 했더니 자동차전용도로라 보행자는 진입금지라고 했다.

우비입은 모습

다시 시내버스 승강장으로 되돌아와서 목표대교를 건너려면 몇 번 차를 타야하는지 몰라 사람들에게 물어봤더니 현대삼호아파트로 가는 900번 버스를 타라고 했다. 다른 차는 오는데 내가 기다리는 900번 버스는 한 참을 기다려도 오지 않았다. 시간표가 붙어 있지 않아 옆에 있는 사람에게 900번 버스는 얼마 만에 오느냐고 물었더니 1시간에 1번 온다고 했다. 택시를 타려고 하다가 그냥 끝까지 기다려 버스를 탔다.

목포대교를 건너 버스승강장에서 운전기사가 어떤 여성손님에게 "저기 쓰러져 있는 배가 세월호입니다." 했다. 여성손님이 내렸다. 비가 내리고 있었지만 나도 따라 내려 우비를 입고 세월호가 거치되어 있는 곳으로 향했다. 양 옆으로는 노란 리본이 무수히 걸려있었다. 가까이 가니까 천막들이 쳐져있었고 아직도 많은 사람들이 앉아 있었다. 세월호 문제를 어떻게 마무리해야 하는 것이 좋은지 모르겠다. 허사드에는 아직도 세월호의 아픔이 남아 있는 것을 볼 수 있었다.

사람들의 욕심이 수많은 어린 학생들의 목숨을 앗아갔다. 원칙을 지키지 않음으로써 발생한 사건이었다. 목포시내에서 세월호 거치장소로 향하는 길목에는 수없이 많은 세월호 관련 현수막이 걸려 있었다.

허사도에 거치된 세월호

목포경계를 지나 영암 땅에 들어왔는데 커피숍이 보였다. 빗발이 굵어져 비도 피할 겸 들어가서 아메리카노 아이스를 한 잔 시켜 놓고 마시면서 쉬었다. 더 이상 진행하는 것은 무리라는 생각이 들었다. 이곳에서 머물기로 하고 우선 '내가찜한코다리찜'이라는 식당에서 황태해장국을 먹었다. 혼자서 여행하다 보면 먹고 싶은 것을 먹을 수가 있는 것이 제한되어 있다.

더 진행하려다가 발바닥이 통증으로 그만 쉬라는 신호를 보내고 있었다. 더는 무리라고 생각되어 묵기로 하고 모텔을 찾다가 물어물어 간신히 모텔을 찾았더니 상호가 프리마 호텔이라고 되어있어 가격이 비쌀 것이라고 생각했는데 4만 원을 달라고 하여 도보여행자인데 할인해 달라고 했더니 3만5천 원을 달라고 했다.

이옥신 면장은 오늘도 전화를 해서 어디쯤 걷고 있는지 발은 괜찮은지 물었다. 지난번에 만났을 때 용돈을 챙겨 주지 못했는데 음료수 값을 넣을 테니 계좌번호를 보내 달라고 했다. 됐다고 해도 자꾸만 보내 달라고 하여 계좌번호를 알려줬다. 그랬더니 10만 원을 입금했다. 단지 한번 교육을 받은 교육 동기라는 인연이 있을 뿐인데 매일 전화해주고 관심을 가져주고 염려해주는 것이 정말 고마웠다.

그리고 직장동료이기도 하고 용인이 고향인 오을근 팀장과 구본훈에게서도 격려전화가 왔었다. 건강에는 이상이 없는지 조심해서 무리하지 말고 천천히 걸으라고 했다.

방에 들어와서 먼저 씻고, 옷을 빨고, 집사람에게 전화를 했다. 전화를 끊고 잠시 후 집사람에게서 전화가 왔다. 지하주차장에 주차되어 있는 차량을 시동 걸려고 차량 문은 열었는데 배터리가 나갔는지 시동도 걸리지 않고 문도 잠기지도 않는다고 했다. 전에 해외여행을 다녀와서 시동 걸려고 했을 때 배터리가 방전되어 급하게 서비스를 받았던 적이 있어서 1주일에 한 번씩 시동을 걸라고 했다. 보험회사에 연락하여 조치를 취하여 배터리를 충전하고 1주일에 한 번씩 시동을 걸라고 했다.

오늘 걸음 수는 62,503보(누계 822,578보), 거리는 48km(누계 629km)이다.

도보여행을 떠난 지 15일 만에
땅끝마을에 도착

15일차 도보여행은 7월 1일 영암 숙소에서 5시에 나와 땅끝마을을 향해 걷기 시작했다. 밖으로 나오니까 안개가 자욱했다. 안개가 너무 자욱하니까 가까이에 있는 것을 촬영해도 잘 나오지 않았다. 안경에도 안개가 끼어 앞이 잘 보이지 않았다. 안개가 너무 심하니까 안경을 닦아도 금방 안개가 끼었다. 어제 비가 내려 땅이 젖어 있어 앉을 수도 없었다. 그렇다고 버스승강장도 2시간 반 동안 걷는데 2개를 만났을 뿐이다. 힘들어도 그냥 걸을 수밖에 없었다.

아침식사를 해야 하는데 9시가 넘었으나 문을 연 식당은 보이지 않았다. 다행히 안흥 찐빵, 만두집이 보여 만두 1인분을 시켜 먹고 다시 도보여행을 진행했다. 해남읍에 들렸을 때 CU 가계가 보여 함께 근무했던 직원이 보내준 모바일 상품권으로 물, 장갑, 파스 등을 구입했다.

조금 더 걸었더니 문을 연 식당이 보여 아직 점심식사 시간은 일렀지만 여기서 점심을 먹고 출발하는 것이 좋을 것 같아서 갈비탕을 시켜 먹고 다시 일정을 시작했다. 해남 땅에 들어섰으니까 땅끝마을까지는 그리 오래 걸리지 않을 것이라고 생각했다. 13번 국도를 타고 완도 방향으로 가다가 땅끝 해변도로를 타고 걸어가는데 가도 가도 끝이 보이지 않았다.

삼복더위가 기승을 부리고 있지만 그래도 해변을 걸어가니까 바닷바람이 불어와 시원했다. 해변을 걸어가니까 경치도 아름다웠다. 땅끝마을까지 가야 모텔이 있다고 하여 중간에 쉴 수도 없었다. 부지런히 걸었더니 발에 무리가 온 모양이다. 오늘이 이번 도보여행 기간 중에 가장 많이 걸었던 날 같다. 발바닥에 파스를 붙이고 주물렀는데도 발바닥에 통증이 느껴졌다. 오늘은 발이 그만 걷고 쉬란다. 아직 땅끝마을까지 4㎞ 정도 남았지만 더 이상 걷기는 무리라는 생각이 들어 시내버스를 타고 이동했다.

버스 기사가 잘못하면 바가지를 쓸 수 있으니까 게스트하우스에서 자라고 했다. 택시기사가 음식점이나 펜션, 모텔, 민박 등에서 바가지를 쓸 수 있으니까 게스트하우스에서 자라고 할 정도이면 바가지가 심한 모양이다. 오래 전부터 땅끝마을에 가보고 싶어 했는데 이제야 왔다. 관광지가 활성화되려면 바가지가 사라져야 한다. 바가지요금은 당장에는 이익이 될지는 몰라도 관광객이 줄어들게 한다.

요즈음에는 저가항공이 있어 외국에 나가더라도 큰 비용이 들지 않는다. 우리나라를 여행하는 비용보다 조금만 더 들이면 해외여행을 다녀올 수 있다. 관광지에서 바가지나 불친절이 행해지면 다시는 찾아가고 싶지 않아진다. 특히 그 지역에서 운행되고 있는 버스운전기사나 택시운전기사의 입에서 바가지를 쓸 수 있으니까 이용하지 말라는 이야기가 나온다는 현실이 아쉽기만 하다.

게스트하우스를 찾아가 예약을 하지 않았는데 방이 있냐고 했더니 방이 있다고 했다. 숙박료 2만 2천원을 내고 방에 짐을 넣고 게스트하우스에서 운영하는 식당에서 콩나물해장국을 시켜 먹었다. 방은 4인용 이지만 현재는 나

땅끝마을 게스트하우스

혼자다. 늦게 누가 1명이 들어올 것이라고 했지만 먼저 씻고 시내를 둘러봤다.

매주 토요일 땅끝 작은 음악회가 열리는데 마침 도착한 날이 토요일이다. 음악회가 열리고 있어 잠시 관람하다가 발에 통증이 느껴져 마트에서 맥주 1캔과 오징어 1마리를 사가지고 게스트하우스로 왔다. 모텔에서 잘 때는 혼자서 자니까 빨래를 하고 편하게 쉴 수 있었지만 게스트하우스는 4명이 방을 쓰다보니까 옷을 빨수는 없었다. 발바닥에 파스를 붙이고 사온 맥주를 마시면서 페이스 북에 여행 후기를 올리고, 집사람에게 전화를 했다.

오늘은 여행 중에 백승의 친구에게서 격려 전화가 왔다. 여행을 하는데 애로사항이 없느냐고 했다. 다른 사람은 몰라도 친구인 너는 해낼 것을 믿는다고 했다. 승의가 페이스 북이 아닌 들국화 모임 단체 카톡에도 여행내용을 공유해달라고 했으나 페이스 북에

글을 올리면 응원 댓글이 많이 올라오는데 댓글에 댓글을 달기도 어려워서 페이스 북에만 올리겠다고 했다.

　오늘 걸은 걸음 수는 78,500보(누계 901,078보), 이동거리는 62㎞ (누계 691㎞)를 걸었는데 이때까지 걸은 거리 중 가장 많이 길었다.

남해안을
따라
걸으며

땅끝마을을 뒤로하고 강진으로 향함 | 이슬비 맞으며 걷는 지금이 화양연화다 | 벌교에서 꼬막 정식 1인분은 안 된다네 | 도보여행하면서 관광 통신일부인 날인 | 도보 여행지에서 만난 아내와 직장동료 | 도보여행 시작한 지 21일 만에 경남 하동에 도착 | 화개장터까지 찾아온 정왕3동 유관단체장 | 도보여행 중에 만난 하동터널을 조심스럽게 통과 | 남해에서 멸치 회를 먹어보고 싶었는데 | 여행지에서 만난 아버지 추도일 | 낙동강 하굿둑 가로수 터널을 걸을 때가 좋았다 | 부산에서 부산에 온 시의원들과 점심 식사 | 산책하기 좋은 부산의 달맞이길

땅끝마을을 뒤로하고
강진으로 향함

16일차 도보여행은 7월 2일 7시에 일어나려고 했는데 6시에 일어났다. 일기예보에 비가 내린다고 했는데 창밖을 살펴보니까 비가 내리지 않아 옷을 입고 땅끝 전망대로 올라갔다. 전망대에서 올라가서는 운동을 나온 방문객에게 사진 촬영을 부탁했다. 전망대에서 내려다보이는 땅끝마을의 풍경은 정말로 아름다웠다.

땅끝마을 전망대

땅끝 탑에 가기 위해서 계단을 따라 한 참 내려갔다. 주변에 사람이 없어 촬영을 부탁하지 못하고 땅끝 탑을 둘러보고 생태관찰로를 따라 내려왔다. 게스트하우스에서 운영하는 식당에서 매생이 해장국을 먹고 게스트하우스에서 짐을 챙겨 나와서 시내버스를 타고 다시 해남으로 이동했다. 버스에서 내렸더니 소낙비가 쏟아졌다. 소낙비가 그치기를 기다려 출발하려고 하다가 비가 왔다 안

왔다하여 기다리다가 주변 있는 교회에서 예배를 드리기로 했다.

근처에 있는 양무리 교회에서 예배를 드렸다. 오늘이 맥추감사절 예배였다. 다른 교회와는 달리 예배 전에 담임목사가 광고를 먼저 했다. 그리고 찬송가 이외에도 찬송가에 없는 노래를 몇 곡 불렀다. 교회가 꽤 큰데 다시 교회를 증축하고 있었다. 찬송가나 성경구절을 모두 영상으로 보여줘 성경이나 찬송가를 찾지 않아도 되었다.

예배를 드리고 강진방향으로 조금 진행하다가 만난 식당에서 백반을 먹고 다시 출발했다. 일기예보 상에는 오늘부터 수요일까지 비가 내린다고 되어 있고, 하늘에는 구름이 잔뜩 끼어 있어 비가 내리면 어떻게 할까하면서도 그냥 진행했다. 다행히 강진읍에 도착할 때까지 비가 한 방울도 내리지 않았다. 햇볕이 나지 않고 바람이 살랑살랑 불어주니까 걷는 데는 오히려 좋았다.

땅끝탑

강진은 처음이다. 관광통신일부인을 수집하며 강진에는 도자기가 유명하다는 것은 알았지만 가볼 기회가 없었다. 중간 도로표지판에 정약용 초당이나 주진산 휴양이 있어 들어가 보고 싶었지만 걷고 있는 도로에서 8㎞나 들어갔다가 나와야 해서 다음에 차를 가지고 올 때 들리기로 하고 들리지 않았다.

강진군청 부근에 오니까 모텔들이 보여 먼저 식당을 찾았다. 혼자서 먹는 요리는 백반밖에 없다고 하여 백반을 시켜 먹었다. 식당에서 나오니까 비가 내리기 시작하여 더 이상 진행하지 않고 쉬기로 하고 빨리 모텔을 정해서 들어갔다. 모텔비를 3만5천 원 달라고 했다. 도보여행자인데 3만 원에 해달라고 했더니 3만 원을 내라고 했다.

방에 들어오자마자 씻고 입었던 옷을 빨아 말렸다. 페이스 북에 '16일차 도보여행을 마칩니다.'를 올리고 태블릿 PC에 여행기록을 정리했다. 오늘 걸음 수는 42,954보(누계 944,032보), 이동거리는 35km(누계 726km)이다.

오늘은 소낙비가 내려 비를 피하려고 일찍 숙소에 들어오는 바람에 다른 날보다 적게 걸었는데 페이스 북에 여행기를 게시했더니 오늘이 적당한 거리라고 했다. 삼복더위 기간 중이라 날씨가 무더우니까 건강을 염려해주는 것이다. 날씨가 시원하면 힘도 덜 들고, 조금 여유를 갖고 육지와 연결되어 있는 섬들도 돌아보고 싶었지만 날씨가 워낙 더우니까 엄두가 나지 않았다.

이슬비 맞으며 걷는
지금이 화양연화다

17일차 도보여행을 7월 3일 5시에 시작하려고 강진 숙소를 나서며 하늘을 보니까 구름이 잔뜩 끼어 있었다. 금방이라도 비가 내릴 태세다. 그래도 진행하자며 강진을 떠나 장흥으로 향했다. 장흥으로 향하면서 신도로는 도로 옆에 공간이 구도로 보다 넓어 걷기에는 안전하지만 가로수가 식재되어 있지 않는 도로가 많고 버스승강장이 없다. 구도로는 신도로 보다 좁기는 하지만 교통량이 적어 편한 점도 있다.

비 예보도 되어 있고 구름이 잔뜩 끼어 있어 구도로를 선택하여 걷기 시작했다. 비가 많이 내리면 버스승강장에서 비를 피할 속셈이었다. 다행이 장흥에 도착할 때까지 비가 내리지는 않았다. 어떤 사람에게 아침식사가 가능한 곳이 어디냐고 물었더니 장흥버스터미널 근처로 가야 아침을 먹을 수 있을 것이라고 했다. 그래서 버스터미널 근처로 갔더니 백반집이 하나 보였다. 조기매운탕을 시켜 먹었다.

식사를 마치고 나와서 혼자서 걷다보니 라디오라도 하나 있었으면 좋겠다는 생각이 들어 근처에서 1만5천 원을 주고 하나 구입했다. 보성을 향해서 진행하는데 빗방울이 떨어지기 시작했다. 우비를 입고 그냥 진행할까 비를 피할까 고민하고 있는데 빗방울이 조금 굵어졌다.

비를 피하기 위해 근처에 보이는 솔다방으로 들어갔다. 다방 안에는 노인들만 몇 명 앉아 있었다. 짐을 내려놓고 블랙커피를 한 잔 시켜 놓고 비가 그치는지를 살피기 위해 계속 밖을 주시했다. 빗줄기가 굵어지지는 않았지만 그렇다고 쉽게 그칠 비 같지도 않았다. 커피 값을 지불하고 도보여행을 시작하려고 커피 값이 얼마냐고 물었더니 5천 원을 내라고 했다. 커피숍에서 판매하는 커피보다 비쌌다.

가랑비를 맞으며 걷기로 하고 다방을 나섰다. 비가 많이 내리면 버스승강장에서 비를 피할 속셈으로 구도로를 이용했으나 버스승강장에 버스승강장 입간판만 세워져 있고 비를 피할 수 있는 곳은 없어 앉아서 쉴 곳이 없었다. 버스승강장은 버스를 타는 사람들만 이용하는 공간이 아니라 나 같은 도보여행자도 이용할 수 있다는 생각이 들었다.

비를 맞고 걷는 모습을 본 오토바이 운전자가 내가 처량해보였는지 모르지만 다가오더니 "어디까지 가시는지 몰라도 제가 태워드릴 테니까 타세요." 했다. 도보여행자라고 하니까 "이런 날은 도깨비가 나타나요. 어디서 쉬었다가 내일가세요." 했다.

라디오가 없이 혼자서 걸을 때 보다 라디오를 들으며 걸으니까 훨씬 좋았다. 일기예보도 들을 수 있고, 노래도 들을 수 있고 각종 정보도 얻을 수 있어서 좋았다. 가랑비를 맞으며 20㎞ 정도 걷다 보니 언제부터인가부터 비가 내리지 않았다. 저녁 무렵에는 햇빛까지 비췄다.

걷다보니 주유소 옆에 탐진강식당이 눈에 보여 들어갔더니 여주인이 "도보여행하시는 분인가 봐요." 했다. 내가 "어떻게 아셨어요?" 했더니 "어제도 도보여행을 하는 사람이 왔다 갔어요." 했다. 오리육계장을 시켜 먹으며 주인과 얘기를 하는데 탐진강에 다슬기가 많이 있어 자기만 부지런하면 얼마든지 잡을 수 있다고 했다.

보성에 도착하여 도로표지판에 보성차밭이 800m라고 되어 있어 가려고 길을 건넜는데 사람이 와서 다시 물어봤더니 여기서 14㎞나 된다고 하여 오늘 걸음 수도 많고 이동거리도 많아 무리라는 생각이 들어 내일 들려보기로 했다.

보성에도 메타세쿼어 거리가 조성되어 있었다. 담양처럼 쭉 연결되어 있는 것이 아니라 끊어졌다 이어졌다를 반복하고 있고 곡선이라서 관광 상품으로서의 가치는 없겠다는 생각이 들었다. 보성에 도착하여 보성관광호텔에 들어와 가격을 물었더니 3만5천 원을 달라고 하여 3만원에 해달라고 했더니 그러라고 하여 방에 짐을 넣고 인근 보성바지락칼국수 집에서 알탕을 시켜 먹었다.

오늘은 이문섭 과장에게서 덥고 비가 온다는데 도보여행을 하는데 문제가 없는지 전화가 왔고, 오늘도 이옥신 면장은 전화하여 어디쯤 가고 있는지 여행 중에 별일은 없었는지 물었다. 걸으며 매일 비티민이라도 한 알씩 먹으며 진행하라고 했다. 그 동안 만남이 뜸했던 정석영 조각가도 도보여행을 한다는 소리를 들었는지 카톡으로 '비가 오면 쉬었다가 가. 그러면 걸을 때와는 다른 생각을 할 수 있지 않을까?', '김운영에게 이슬비 맞으며 걷는 지금이 화양연화라 나중에 말할 수 있었으면 좋겠다.'라고 관심을 가져왔다.

앞으로 남은 인생 중에 가장 젊은 날이 오늘이다. 지금 하지 않으면 할 수 없는 일을 하고 있는 것이다. 차일피일 미루다가 나중에는 체력이 뒷받침되지 않아서 도전하고 싶어도 실행할 수 없다. 내가 어릴 때는 나무를 잘 올라갔다. 그런데 얼마 전 군자봉을 오르면서 나무위에 버섯이 있어 버섯을 따려고 올라가려고 하는데 올라갈 수가 없었다. 이제는 나이를 먹었다는 것을 인정할 수밖에 없다.

앞으로도 하고 싶은 일이 있으면 할 수 있을 때 도전할 계획이다. 퇴직했다고 그냥 시간을 낭비할 것이 아니라 시간을 잘 활용해서 남은 생을 의미 있게 보낼 생각이다. 하고 싶은 일이 있으면 더 늦기 전에 할 생각이다.

오늘 걸음 수는 69,812보(누계 1,013,844보), 이동거리는 59㎞(누계 785㎞)이다. 정석영 조각가의 말처럼 지금 이 순간이 내 인생의 화양연화(인생에서 가장 아름답고 행복한 순간)라는 생각이 든다. 젊은이들도 도전하기 쉽지 않은 일에 도전하고 있고, 실천에 옮기고 있으니 내 고집도 대단하다는 생각이 든다.

벌교에서
꼬막 정식 1인분은 안 된다네

18일차 도보여행은 7월 4일 새벽5시 일어나 창밖을 살펴보니까 소낙비가 내리고 있었다. 모닝콜로 일어나는 시각을 다시 지정하지 않고 다시 누웠다. 핑계 김에 잠이나 자자는 생각이 들었던 모양이다. 그렇지만 도보여행을 빨리 마쳐야겠다는 생각이 들었다. 다시 7시 20분경 일어나 창밖을 살펴봤더니 비가 오지 않았다.

빨리 옷을 주워 입고 도보여행을 시작했다. 조금 진행하다가 보니까 문을 연 식당이 보여 소머리국밥을 시켜 먹었다. 아침은 문을 연 식당을 만나기 쉽지 않아 문을 연 식당이 보이면 무조건 식사하기로 했다. 핸드폰에 호우경보가 내렸다고 문자가 왔지만 지금은 비가 내리지 않으니까 출발하기로 했다.

보성녹차 밭으로 방향을 잡고 걸어가는데 거리가 상당히 멀었다. 걷는 도로에서 약 7㎞이상을 걸어 들어가야 한다. 녹차 밭에 도착하여 녹차 밭을 먼저 둘러보고 근처에 있는 사람에게 사진을 찍어달라고 부탁했다. 내려와서 녹차아이스크림을 하나 시켜 먹으며 땀을 식혔다. 조금 이르기는 하지만 녹차 밭에 있는 식당에서 녹차산채비빔밥을 시켜 먹고 나왔다. 보성까지는 시내버스를 탈까 하다가 그냥 걸어서 나왔다. 녹차 밭에는 가문비나무를 잘 가꾸어 보기 좋았다.

순천으로 방향을 잡아서 걸어가는데 비가 내렸다 그쳤다를 반복했지만 우비를 입지 않고 걸었다. 비가 오지 않으면 땀에 옷이 젖고, 비가 오면 비에 옷이 젖는다. 비가 온다고 하여 우비를 입으면 더 덥기만 하고 우비를 입는다고 옷이 젖지 않는 것이 아니라 땀에 옷이 젖는다. 이번 도보여행을 시작해서 오늘이 가장 더운 것 같았다. 옷이 모두 젖었다. 비에 젖은 것이 아니라 땀에 젖은 것이다.

순천까지 가려고 했는데 벌교에 오니까 벌써 65,000보가 넘었고, 순천까지는 아직도 24키로가 남아서 벌교에서 자기로 했다. 원조꼬막식당이 보여 들어가서 꼬막정식을 달라고 주문했더니 1인분은 판매하지 않는다고 했다. 그냥 1인분을 해달라고 사정을 해도 안 된다고 했다. 대신 꼬막 비빔밥을 먹으라고 하여 꼬막 비

보성녹차밭

빔밥을 먹었다. 꼬막 비빔밥도 그런대로 괜찮아 다행이었다.

식사를 마치고 근처에 있는 모텔을 찾아가 얼마냐고 했더니 3만 원을 내라고 했다. 장회동 정왕2동 통장회장이 많이 관심을 갖고 도와줬는데 전화를 하지 못하고 온 것이 생각나서 전화를 했다. 생각하지 못했던 김옥자 통장에게서 격려 전화가 왔다.

큰 딸에게서도 전화가 왔다. "위치공유 프로그램을 보니까 아빠가 아직 보성에 있는데 내일 여수에서 엄마를 만날 수 있어."했다. 집사람과 내일 여수에서 보기로 했었는데 내일 만나기 어려울 것 같아서 모래 만나는 것으로 변경했다.

오늘 걸음 수는 70,570보(누계 1,084,414보), 이동거리는 55km(누계 840km)를 걸었다. 소낙비 때문에 아침에 늦게 출발했고, 보성 녹차밭에 들리는 바람에 여수까지 갈 계획이었으나 벌교에서 머물 수밖에 없었다.

페이스 북에 매일 도보여행기를 게시하며 공유하니까 시청 직원들 사이에서 내가 도보여행을 하고 있는 것이 화제가 되고 있는 모양이다. 그 동안 연락을 하지 못하고 지내던 지인에게서도 연락이 오고 있다.

도보여행하면서
관광 통신일부인 날인

19일차 도보여행을 진행하기 위해 숙소에서 7월 5일 새벽 5시에 나왔더니 간밤에 비가 많이 내렸는지 도로로 물이 흐르고 있고, 하천에 흐르는 물이 흙탕물이었다. 벌교를 떠나 순천으로 향했다. 어제 비가 내려서인지 아침 온도는 다른 날보다는 시원한 느낌이 들었다. 순천에 도착해서 시내를 지나다가 보면 어딘가 문을 연 식당이 있을 것이라고 생각했는데 문을 연 식당이 보이지 않았다.

사람들에게 아침을 먹을 수 있는 식당이 어디에 있는지 물으면 쭉 내려가면 있을 것이라고 하는데 아무리 가도 식당이 나오지 않았다. 그래서 순천역 근처에는 아침에 식사가 가능할 것이라고 생각되어 카카오 맵에서 순천역을 찾아 역전으로 걷고 있는데 김밥집이 보였다. 그냥 김밥이나 먹자고 생각하고 들어갔더니 식당이 아니라 김밥도시락을 만드는 곳이었다. 여기서 먹으면 안 되느냐고 했더니 안 된다고 하여 그냥 나왔다.

밖에 비가 많이 내려 잠시 비를 피하고 있는데 택시가 지나가 세웠다. 아침식사를 하는 곳으로 태워달라고 했다. 개인택시인데 운전기사가 여성이었다. 아래 시장으로 가서 문을 연 집이 없으면 역적으로 모시겠다고 했다. 아래 시장에 갔더니 식당 문이 열려 있는 곳이 많이 있었는데 기사가 '건봉국밥'이 유명한 집이니까 거기서 식사를 하라고 했다.

식당에 들어갔더니 깔끔했다. 국밥을 시켰더니 내용물이 푸짐하게 나올 뿐만 아니라 맛도 좋았다. 가격도 7천 원으로 저렴해서 좋았다. 수입금의 일부를 불우이웃돕기에 기부도 하고 있는 식당으로 추천할만한 식당이다. 식사를 마치고 책 쓰기 교육을 함께 받았던 김희아 작가를 순천역에서 10시에 만나기로 해서 일어나 역전으로 향했다.

김희아 작가를 만나 카페에 가서 시원한 아메리카노 한 잔을 마시고 책 쓰기가 잘 진행되는지 서로의 진행상황에 대한 대화를 나눴다. 초고는 완료가 되었는데 아직까지 투고는 하지 못했다고 했다. 이번 주 중으로 투고를 할 계획이라고 했다. 김희아 작가는 집에 원서가 8,000권이나 소장하고 있다고 한다.

커피숍에서 나와 점심식사를 하자고 하여 수제도토리요리전문점 '나눌터'에서 도토리묵밥을 시켜서 먹었다. 우리가 식당에 조금 일찍 가서인지 사람이 많지 않았는데 조금 있으니까 사람들이 몰려들어 식당을 꽉 채웠다. 식사를 마치고 다시 여수로 발길을 재촉했다. 날씨가 더워 땀이 많이 흘렀다.

아침에 준비한 물 6병을 수시로 다 마시고, 식사를 할 때마다 식당에서 주는 물 1통씩을 다 마셨는데도 한 번도 소변을 보지 않았다. 땀이 워낙 많이 나다보니 소변으로 나올 것이 없었나 보다.

날씨가 워낙 더워 1㎞나 2㎞를 걷다가 쉴 때마다 등산화 끈을 풀고 발을 주물러주고, 물을 마시고, 천도복숭아 1개씩을 먹었다. 다른 날보다 쉬는 시간을 많이 가졌다. 그랬더니 발은 훨씬 편하다. 오후 4시 30분경 천둥과 벼락이 치는 소리가 들렸다. 버스승강장에서 태블릿 PC나 노트, 핸드폰은 물에 젖지 않도록 비닐봉지에 넣었다.

여수 거북선
관광통신일부인

차가 오는 방향으로 걷다가 차가 가는 방향으로 바꾸어 걷기 시작했다. 갑자기 비가 쏟아지기 시작했다. 재빨리 뛰어서 버스승강장 안으로 들어갔는데도 빗물이 샜다. 잠시 후 시내버스가 와서 올라타고 시내까지 이동했다. 내려서 모텔이 어디에 있는지 살피는데 여수우체국이 보였다. 안으로 들어가 엽서 10매를 구입하여 관광통신일부인을 날인했다.

우체국 바로 옆에 모텔이 있어서 들어갔더니 3만 원을 달라고 하여 방에 짐을 넣어 놓고 근처 식당에서 콩나물해장국을 먹고 들어와 옷을 빨아 헤어드라이와 선풍기로 말렸다. 어차피 걷기 시작하면 바로 젖을 것이 분명하지만 아침에 입을 때는 마른 옷을 입고 싶다.

걸으면서 느낀 건데 북쪽에서 남쪽으로 걸어 올 때는 그림자가 아침에는 오른쪽에 있다가 오후에는 왼쪽으로 이동한다. 땅 끝 마을 지나면서부터는 서쪽에서 동쪽으로 이동하니까 오전에는 그림자가 뒤에 있다가 오후에는 앞쪽으로 이동했다. 그런데 오늘 낮에 햇빛이 나올 때는 좌우로 바뀌는 것을 보면서 북쪽에서 남쪽으로 내려가고 있다는 것을 직감적으로 느꼈다. 남북으로 이동하면 그림자는 좌우로 이동하고, 동서로 이동하면 그림자는 남북으로 움직였다.

더울 때 걸을 때는 이따금 만나는 한 그루의 가로수 그늘도 걷는데 많이 도움이 된다. 그런데 안전을 위해서 차가 오는 방향으로 걷다보니 서해안을 걸을 때는 비교적 시원한 오전에는 가로수 그늘이 내가 걷는 도로 쪽으로 지지만 무더운 오후에 가로수 그늘이 도로 밖으로 지니까 걷는데 전혀 도움이 되지 않았다.

오늘 걸음 수는 41,163보(누계 1,125,577보), 이동거리는 32㎞(누계 872㎞)였다. 도보여행을 시작한 후 가장 적게 걸은 날이다. 오늘은 장승달 과장님에게서 전화가 왔는데 함께 식사를 하고 있다며 중부일보 김형수 기자, 동영산업 원건상 사장과 식사를 하고 있다며 번갈아가며 전화를 바꿔주어 통화를 했다. 원건상 사장은 남해를 지날 때 전화를 하라고 했다. 남해에 처남이 살고 있어서 잠자리는 무상으로 제공하라고 하겠다고 했다. 그래서 알겠다고 하고 고맙다고 했다.

그밖에도 들국화 모임 회장을 맡고 있는 친구 유인복, 제1회 시흥갯골축제를 추진할 때 적극적으로 도와줬던 이창효 팀장 등 많은 사람들로부터 격려전화가 왔다.

도보 여행지에서 만난
아내와 직장동료

　20일차 도보여행이 모닝콜에
의해 7월 6일 새벽 5시에 일어났
다가 집사람과 12시에 여수엑스
포역에서 12시에 만나기로 되어
있어서 시간이 충분하여 모닝콜
을 6시로 바꾸고 1시간 더 잤다.
6시에 일어나 옷을 입고 나와서
여수엑스포역으로 걷기 시작했
다. 걷다가 한식 뷔페집이 보여
아침식사를 했다.

　시흥신문 이희연 기자가 시흥신문에 내가 도보여행을 하는 것
을 기사화하고 카톡으로 보내왔다. 특별히 내가 도와준 것도 없는
데 나에게 관심을 가져주고 애정을 가져주는 것이 고마웠다. 도보
여행을 마치고 식사라도 한 번 하는 시간을 가져야 할 것 같다.

　여수엑스포역에 도착하니까 9시 30분경이 되었다. 역 대합실
에서 아내가 도착하기를 기다렸다. 조금 있으니까 비가 내리기 시

작했다. 아내는 12시경 도착했다. 집을 떠난 지 20일 만에 집사람
을 만나는 것이다. 택시를 타고 오동도 입구 음식점에 가서 게장
백반을 먹고 택시를 타고 엑스포 광장 인근 모텔에 짐을 넣고는 오
동도까지 걸어서 이동했다.

오동도 입구에서 코끼리 열차를 타고 들어
갔다. 요금은 1인당 800원이었다. 오동도
오동도 해서 들어갔더니 특별한 것은 없었
다. 집사람과 한번 둘러보고 나올 때는 걸어
서 나왔다. 걸어 나오면서 엑스포광장을 둘
러보고 스카이타워에 올라가 아메리카노 한
잔 마시고 내려왔다.

2012년 엑스포가 열릴 때 왔을 때는 대단
하다고 생각했는데 지금은 대부분의 시설들
이 운영되지 않고 있는 것을 보면서 이러한

여수역 아내

행사가 수도권에서 진행되었더라면 시설이 상당부분 활용되고 있
을 텐데 하는 아쉬움이 남는다.

박노형 과장이 위문을 온다고 전화가 와서 젖은 옷을 빨아서 말
리고 있는데 서경원주무관에게서 전화가 왔다. 여수 엑스포역에
도착했다고 했다. 나가서 봤더니 박노형 과장 내외와 서경원주무
관이 왔다. 반가웠다. 공직생활이 끝나더라도 지속적인 관계를 유
지하는 것이 내가 그에 보답하는 것이란 생각이 들었다.

박노형 과장이 내려올 때 비가 시간당 50미리가 내려 앞이 보이

지 않는 상황에서도 남쪽 끝까지 방문해준 것이 고마웠다. 같이 돌
산에 가서 회와 매운탕으로 저녁을 먹었다. 한 참 얘기를 나누다
가 8시경 박노형 과장 일행은 돌아가고 우리는 모텔로 돌아왔다.
박노형 과장 일행은 걸어가다 먹으라고 포도, 체리, 견과류, 육포
등을 사가지고 왔다.

도보여행을 마치고 돌아가서도 해야 할 일이 많아졌다. 도보여
행을 하는 현장까지 직접 찾아와 위문을 해주는 지인, 전화, 카톡,
페이스북 등에 댓글로 위문을 해주는 사람들에게 어떻게 보답을
해야 할지 걱정이다. 평생 신의를 저버리지 말고 사는 것이 내가
할 일인 것 같다.

오늘은 도보여행보다는 집사람과 여수여행을 하며 맛있는 음식
을 먹고 쉬는 시간으로 보내려고 했다. 그런데 비가 내리는 바람
에 불편한 것이 많았다. 아내와 좀 더 많이 구경을 해야 하는데 그
러지를 못해서 미안하다.

산행모임

오늘 걸음 수는 34,946보(누계 1,150,520보), 이동거리는 26㎞(누계 898㎞)이다. 오늘은 전진하는 것 보다는 모처럼 집사람도 왔고, 함께 근무했던 동료직원들이 멀리까지 찾아와 함께 좋은 시간을 갖는 것에 의미를 두었다. 아내가 오니까 아내가 옷을 빨아 말려주고 관심을 가져 주니까 좋았다.

도보여행 시작한 지 21일 만에
경남 하동에 도착

21일차 도보여행은 7월 7일 아내를 여수역까지 배웅하고 나는 유람선을 타고 남해로 건너가려고 했었다. 먼저 아내가 올라가는 차편을 9시 20분 무궁화호로 예약하고 여객선 터미널에 가서 남해로 가는 배가 있는지를 알아 봤더니 남해로 가는 배가 없다고 하여 나도 집사람이 타는 무궁화호로 순천까지 이동하여 순천역에서부터 걷기로 했다.

아내는 올라가고 나는 순천역에서 내렸는데 비가 많이 내려 대합실에서 비가 그치기를 기다렸다가 비가 그치자 걷기 시작했다. 12시 반쯤 되었을 때 뼈다귀 해장국집이 보여 들어가 해장국을 먹고 출발했다.

순천을 벗어나 광양에 접어들면서 광양은 작은 도시라고 생각했는데 하동까지의 길이 지름길이 아니고 돌아가는 길이다보니 저녁 8시 무렵에야 섬진강을 건널 수 있었다. 도보여행을 시작한 지 21일 만에 경상남도 하동 땅을 밟은 것이다. 광양을 걸으며 도로변에 가로수로 식재된 무궁화 꽃을 많이 볼 수 있었다. 특히 흰 무궁화 꽃이 많았다. 내가 보훈 업무를 담당할 때 백단심계 무궁화 1주를 50만 원씩 주고 2주를 구입하여 현충탑에 사서 심었던 것이 생각났다.

무궁화가 우리나라 꽃임에도 보기가 쉽지 않은 것이 현실이다. 고향에 살 때 울타리에 무궁화나무가 한 주 있었는데 꽃이 정말 아름다웠다. 내가 군에 입대하면서 집을 비우고 어머니도 막내 밥을 해준다며 서울로

무궁화 가로수길

올라가시는 바람에 가꾸지 않고 방치하다 보니까 제대하고 와보니까 무궁화나무는 물론 울타리가 모두 망가져 있었다.

광양지역을 걸으며 무궁화나무를 가로수로 식재하고 관리하는 모습을 보니까 잘하고 있다는 생각이 들었다. 무궁화나무도 크게 자라지만 중간에 잘라서 큰 무궁화나무를 보기 힘들지만 너무 보이게 심지 말고 간격을 두고 심어서 정말 아름다운 무궁화 꽃이 멋지게 피게 키우는 곳이 있었으면 좋겠다.

광양제철소 부근을 지날 때 아주머니 두 분이 지나가기에 길을 물었더니 "여행하시나 봐요." 했다. 두 아주머니가 헤어지면서 "권사님 잘 가세요."하는 소리가 들려 내가 "교회에 다니시나 봐요." 했더니 남편은 장로고 자신은 집사라고 했다. "저도 교회에 나가고 있습니다." 했더니 내가 가려고 하는 길을 자세히 알려주었다.

걸으면서 "이 지역이 광양제철소 주택단지로 얼마 전까지는 직

원들만 입주가 가능했으나 이제는 외부인에게도 개방하고 있습니다." 했다. 아파트주변에 나무가 많이 식재되어 있고 녹지가 정말 잘 가꾸어져 있었다. 옆에서 보는 것도 좋지만 위에서 내려다보면 더 아름답고 좋다고 했다. 핸드폰을 꺼내 내게 자신의 아파트에서 핸드폰으로 촬영한 모습을 보여주기에 "제게 보내 줄 수 있나요?" 했더니 보내주겠다고 했다.

자신의 이름은 임옥심이며 강원도 춘천 출신인데 포스코 시험에 합격하여 7년간은 포항제철에 근무하다가 광양제철소가 생기면서 광양으로 왔고 지금은 정년퇴직을 한 상태라고 했다. 큰 아이가 5살 때 광양으로 왔는데 35살이니까 30년을 이 아파트에 살았는데 아주 살기가 좋다고 했다. 아파트의 가격이 얼마냐고 물으니까 32평형이 1억3천만 원이면 살 수 있다고 했다.

주변에 먹을 것도 많고, 어디에 가기도 편하고, 무엇보다도 나무가 많아 좋다고 했다. 바로 옆이 섬진강이다 보니까 위치도 아주 좋은 곳이다. 임옥심씨는 고등학교를 졸업했지만 회사에 다니면서도 공부를 계속했고 대학원과정까지 마쳤으며 현재는 대학에서 강의를 하고 있는데 70세까지는 다닐 수 있을 것 같다고 했다.

정왕동 모아아파트를 가지고 있었는데 아들이 결혼하면서 아들에게 주려고 팔았다고 했다. 아주머니와 종교도 같았고, 시흥에서 왔다고 하니까 또 하나의 공통점이 있으니까 더 대화가 통했다. 평소에 전혀 알지 못하는 사람이라고 하더라도 공통점이 있다는 것만으로 쉽게 친해질 수 있다.

아주머니가 아파트에서 촬영한 사진을 메일로 내게 보내줬다. 보내준 사진을 보니까 마치 유럽의 녹지가 잘 조성된 도시 같았다. 사진을 페이스 북에 도보 여행기를 게시하면서 함께 게시했더니 사진을 본 사람들의 반응도 좋았다. 기회가 되면 와서 살고 싶다. 길도 자세히 가르쳐주고 자신의 아파트로 돌아가면서 여행잘 마치라고 했다. 정말 좋은 사람을 만난 것 같다.

광양제철소 직원 사옥

저녁 8시가 조금 넘어 섬진강에 도착했다. 섬진강을 경계로 강을 건너기 전에는 전라남도 광양시 이고 강을 건너면 경상남도 하동군이다. 도경계 도로표지판을 촬영하려고 했는데 어둡다보니 제대로 사진이 나오지 않는다. 이미 저녁 8시가 넘은 시각이라 먼저 저녁식사를 하고 모텔을 찾기로 하고 식당을 찾았다. 마침 재첩요리를 하는 집이 보여 들어갔더니 혼자서 오셨다면 재첩백반을 드시라고 했다. 저녁을 먹고 식당 주인에게 모텔이 어디에 있는지를 물었더니 경찰서 부근에 있으니까 그리로 가보라고 했다.

경찰서 인근에 갔더니 모텔이 하나밖에 보이지 않았다. 하는 수 없이 들어갔더니 4만 원을 내라고 했다. 이때까지 여행해 오면서 다른 곳에서는 3만 원을 냈는데 하며 신용카드를 꺼내려고 하니까 현금으로 내면 5천 원을 더 할인해 주겠다고 했다. 그래서 현금 3만5천 원을 주고 방으로 들어왔다.

방에 들어가서는 양말, T셔츠, 모자 등을 빨아 말렸다. 페이스북에 도보여행기 "21일차 도보여행을 마칩니다."를 올렸다. 오늘 걸음 수는 56,876보(누계 1,207,399보), 이동거리는 44㎞(누계 942㎞)이다.

화개장터까지 찾아온
정왕3동 유관단체장

22일차 도보여행은 7월 8일 5시에 숙소에서 나와 화개장터로 이동하다가 문을 연 식당이 보여서 들어갔다. 떡만두국을 주문하고 주인에게 이 근처에서 꼭 봐야할 것이 어디냐고 물었더니 화개장터, 최참판댁, 청학동, 송림공원이라고 했다.

식사를 마치고 하동송림공원으로 향했다. 어제 저녁에는 늦게 도착하여 보지 못했는데 아침에 산책로를 따라 걸어보니 오래된 소나무로만 구성된 공원으로 정말 좋았다. 운동을 나온 사람들도 많이 보였다. 산책로가 한쪽은 마사토로 되어 있고, 한쪽은 톱밥으로 되어 있었다. 소나무 중에는 천연기념물로 지정된 소나무가 4그루나 있었다.

오늘은 도보여행을 떠나기 전부터 정왕3동 유관단체장들이 도보여행지로 찾아오겠다고 한 날이다. 당초 약속은 여수에서 만나기로 했는데 내가 빨리 걷다보니 화개장터에서 만나는 것으로 변경했다. 그래서 송림공원을 나와 화개장터로 방향을 잡았다. 화개장터로 가면서 강 쪽으로는 자전거도로가 잘 조성되어 있고, 자전거도로 옆에는 산책로가 조성되어 있는데 일부 구간은 데크로 되어 있고, 일부구간에는 야자매트가 깔려 있고, 일부 구간은 비포 장도로로 되어 있었다.

데크로 되어 있는 구간에는 계단이 많아 끌고 다니는 짐이 있는 사람은 산책로를 이용하기가 쉽지 않았다. 산책로는 나무그늘로 되어 있고 강 옆으로 조성되어 있어 참으로 좋다. 끌고 다니는 짐만 없으면 걷기에 좋게 조성되어 있는 산책로로 걷겠는데 끌고 다니는 가방이 있어 자전거 도로를 걸었다.

화개장터 가는 길

오늘 걷고 있는 하동에서 화개장터로 가는 길이 도보여행 중에 가장 걷기 좋은 곳 중에 한 곳이다. 화개장터에서 약속만 되어 있지 않으면 천천히 여유를 갖고 걷고 싶은 코스 중에 한 곳이다. 한쪽에는 섬진강이 흐르고 있고, 한 쪽에는 벚나무길이 잘 조성되어 있어 봄에 오면 더 좋을 것 같다. 여름에도 그늘이 잘 조성되어 있어서 좋다.

약 10㎞ 정도 걸어 올라가는데 빗줄기가 굵어져 우비를 꺼내 입고, 우산도 꺼내들고 자전거도로를 따라 걸었다. 섬진강에서 낚시하는 사람들이 많이 보였고, 오토캠핑장 앞에는 모래사장이 넓어서 그런지 사람들이 많이 있었다. 가는 길이 2차선인데 오래된 벚나무가 도로가운데서 가지가 맞닿아서 마치 터널을 지나가는 기분이었다. 멀리 보이는 산 중턱에는 구름이 걸려 있어 한 폭의 그 림을 보면서 걷는 기분이다.

이동준 주민자치위원장으로부터 10시반경에 출발했다는 전화가 왔다. 한참 걸어가다 보니 비는 그치고 햇빛이 비쳤다. 가다가 어떤 할머니가 보여 화개장터가 얼마나 남았느냐고 물었더니 4㎞ 정도 남았다고 했다. "거의 다 왔는지 알았더니 아직 많이 남았네요." 했더니 어디서 왔느냐고 해서 경기도 시흥에서 여기까지 걸어왔다고 했더니 그럼 얼마안남은 거지. 시흥에서 여기까지 걸어왔는데 4㎞가 뭐가 머냐고 했다.

화개장터에 도착하여 벤치에 앉아 땀을 닦고 있는데 이동준위원장에게서 전화가 왔다. 어디에 있느냐고 하여 막 화개장터에 도착했다고 했더니 10분이면 도착하니까 같이 점심을 먹자고 하여 잠시 앉아서 기다리니까 금방 왔다. 이동준 주민자치위원장, 원종인 통장협의회장, 강범모 자원봉사센터장, 한욱 동대장이 왔다.

이한수가 화개장터를 지나면 30년 된 식당이 있는데 그 집이 맛있다며 입구에서 식사를 하지 말고 그 식당을 찾아가 재첩국을 점심으로 먹으라고 했다. 점심식사를 하고 나서 화개장터 구경을 했다. 화개장터라고 새겨진 돌 앞에서 단체사진을 촬영하려고 하

화개장터에서 정왕3동 유관단체장 함께

는데 주변에 사람이 없어서 관광해설사에게 사진을 찍어 달라고
했다.

관광해설사에게 펜션이 어디가 좋으냐고 했더니 자기 집 2층이
펜션인데 싸게 해주겠다고 하여 그 해설사의 집에서 하루를 묵기
로 했다. 소주10병, 야채, 돼지고기 목살 등을 하나로마트에서 구
입하여 관광해설사 집으로 이동했다. 이동해서 소주를 마시기 시
작한지 얼마 안 되어 소주 10병이 금방 동이 나서 관광해설사에게
퇴근할 때 소주 10병과 목살2팩을 더 사오라고 했다. 주인아저씨
부부도 함께 술을 마셨다. 평소 술을 마시지 않다가 오랜 만에 소
주를 마신 것 같다.

관광해설사가 고추, 깻잎, 수박, 매실짱아치 등을 먹으라고 가
져왔다. 오랜만에 술을 마셔서 그런지 졸음이 몰려왔다. 졸고 있
으니까 들어가서 자라고 하여 먼저 들어가서 침대에 누웠다.

오늘 걸음 수는 37,148보(누계 1,244,547보), 이동거리는 28㎞(누계
970㎞)이다. 당초 남해까지 이동할 계획이었으나 정왕3동 유관단
체장들이 격려차 방문하여 남해로 이동하지는 못했지만 오랜만에
만나는 얼굴이다 보니 기분 좋은 하루였다. 여행기간 중에 지인들
이 멀리까지 찾아오는 것이 도보 여행자에게는 힘이 된다.

도보여행 중에 만난
하동터널을 조심스럽게 통과

23일차 도보여행은 7월 9일 관광해설사의 집에서 라면을 끓여 먹자고 하여 아침은 내가 살 테니까 나가서 해장으로 재첩국을 먹자고 했다. 8시경 펜션에서 나와 쌍계사 밑 재첩국 집에서 아침식사를 했다. 전도 나오고 반찬들이 잘 나왔다. 식당을 나와 어제 아침에 들렀던 하동송림공원 앞에서 기념사진을 찍고 정왕3동 유관단체장들은 올라가고 나는 섬진강변 산책로를 따라 남해로 향했다.

도보여행을 하면서 도보로 터널을 통과할 때가 가장 위험하다. 하동포구 터널은 이때까지 지나간 터널 중에 가장 길었다. 도보여행을 하며 몇 개의 터널을 지났지만 하동터널이 길었다. 차선 밖으로 여유 공간이 좁은데 대형화물차를 만나면 옆으로 비켜서서 지나가기를 기다려야 한다.

대형화물차량은 차가 커서 하나의 차선을 꽉 채워 조심하지 않으면 사고의 위험성이 높다. 터널을 건설할 때 보행자도로를 확보해주면 좋은데 보행자도로가 확보된 곳은 거의 없다. 주로 새로 건설한 국도에 터널이 많은데 터널 내에 인도를 확보하지 않으려면 터널구간 근처에서는 구 도로와 연결할 수 있는 연결로를 만드는 것이 필요하다. 걸어가다가 갑자기 터널을 만나면 되돌아 갈 수도 없고 참으로 당황스럽다. 하는 수 없이 터널을 조심해서 통과할 수밖에 없다.

하동IC 인근에 식당들이 있어서 '하동할매재첩'이라는 식당에서 재첩국을 시켜놓고 기다리는데 어떤 사람이 다가오더니 "혹시 약초를 캐러 다니세요?" 했다. "저는 도보여행을 하고 있는데 경기도 시흥에서 여기까지 걸어왔어요." 했더니 "짐이 있어서 약초를 캐시는 분인 줄 알았습니다. 저도 산에 관심을 많이 가지고 있는데 경기도 오산에서 '마음에든 산악회' 회장을 맡고 있습니다." 했다. 나중에 인연이 되면 또 만나자고 하며 연락처를 교환하고 헤어졌다.

하동을 지나면서는 일부러 재첩국을 먹으려고 하지 않았는데도 재첩국을 많이 먹게 된다. 그 만큼 재첩국을 하는 식당이 많다는 얘기이기도 하다. 오래 전에 화개장터를 왔을 때 처음 재첩국을 먹었는데 그때 참 맛있게 먹었던 기억이 난다.

남해대교를 건너니까 바로 남해군이었다. 남해대교 옆에 새로 다리를 하나 더 건설하고 있었다. 다리에서 보이는 풍경이 아름다워 사진을 촬영했다. 부지런히 남해군청 인근까지 와서 모텔을 잡았다. 요금을 4만 원을 내라고 해서 도보여행을 하다 보니 싸게 해주던데 싸게 해달라고 했더니 5천원을 할인해줘 3만5천 원에 자기로 했다.

원건상 동영산업 사장이 남해에 가게 되면 전화를 달라고 했었다. 막내처남이 남해에 살고 있는데 잠자리는 해결해주겠다고 했었다. 하지만 옷도 빨아서 말려야 하는데 남의 집을 방문하여 자려면 서로가 불편할 것 같아서 차라리 모델에서 자는 것이 편할 것 같아서 모델에서 자기로 하고 연락하지 않았다. 모델에 들어오자마자 옷을 빨아서 드라이로 말리고, 샤워를 했다.

오늘 걸음 수는 56,427보(누계 1,300,974보), 이동거리는 42㎞(누계 1,012㎞)이다. 출발할 때 새 신발을 신었는데 신발바닥이 많이 달았다. 걷는 길이 대부분 포장도로 이다 보니까 더 빨리 다는 모양이다.

남해에서
멸치 회를 먹어보고 싶었는데

24일차 도보여행은 7월 10일 5시 반에 일어났으나 모닝콜이 울리지 않아 봤더니 모닝콜이 6시로 맞춰져 있어 울리지 않았던 것이다. 어제 단체장들이 온다고 해서 6시로 맞췄던 것을 고치지 않았던 것이다. 부지런히 옷을 입고 길을 나섰다. 사천방향으로 길을 잡았다. 이동 중 문이 열린 식당이 있어 들어갔더니 별로 반가워하는 기색이 아니었다. 그러거나 말거나 앉아서 된장찌개를 시켜 먹었다.

이동하는데 구름이 잔뜩 끼고 빗방울이 떨어졌지만 우비를 입지 않고 걸었다. 삼동면사무소 근처에 이르니까 멸치회, 멸치쌈밥 등 멸치요리를 하는 곳이 많은데 먹어보고는 싶었지만 밥을 먹은 지 얼마 되지 않아 또 먹을 수도 없고 아쉬웠다. 창선대교를 건너기 전에 점심을 먹어야 하니까 거기도 남해군이니까 거기 가서 먹자고 생각하고 길을 재촉했다.

버스승강장에서 쉬고 있는데 노인 한 분이 오셨다. 이곳에서 무슨 일을 하시느냐고 했더니 고사리를 키우고 이것저것 하신다고 했다. 고사리도 이제 한물갔다고 했다. 워낙 많이 심어서 이제 수

입이 되지 않는다고 했다. 지리산 피아골에서 살다가 이사 온지 50년이 되었는데도 텃세를 느낀다고 했다. 텃세 때문에 정남이가 떨어진다고 했다.

도시에 살다가 시골로 내려가면 느끼는 것이 텃세라고 한다. 사람은 사람과 어울려 살아야 살맛이 나는데 따돌림을 당할 때는 서운함이 느껴진다. 외로움이 느껴진다. 괜히 이사를 왔다는 생각이 든다. 나도 어디론가 농사일을 하는 곳으로 가보려고 하는데 노인이 이사 와서 50년을 살고 있음에도 텃세의 서운함을 내게 이야기하는 것을 보면서 텃세라고 하는 것은 무시할 것은 아닌 것 같다.

땀이 비 오듯 흐르고 너무 더워서 하나로 마트가 보여 아이스크림을 하나 사 먹으려고 들어갔다. 시원한 물 2병, 자두, 아이스크림을 하나 구입했다. 마트 안은 정말 시원했다. 천국이다. 다시 밖으로 나가고 싶지 않았다. 밖으로 나가기 싫어서 마트 안에서 아이스크림을 먹고 나왔다.

멀리 창선대교의 모습이 보였다. 이제 조금 가면 된다고 생각했는데 4번이나 쉬고 나서야 창선대교 가까이에 갈 수 있었다. 다리가 보이고도 1시간30분이 지나서야 다리에 도착할 수 있었던 것이다.

다리를 건너기 전에 점심식사를 하려고 보이는 북해도 대게궁이라는 식당으로 들어갔다. 멸치 요리를 먹고 싶다고 했더니 그것은 미조면 인근에 가야 먹을 수가 있다고 했다. 지역의 특색음식은 그 지역에서 먹는 것이 제 맛인데 아쉬웠다. 하는 수 없이 혼자서 먹을 수 있는 대게 살 미역국을 먹어야 했다. 처음 먹어보는 음식이지만 맛있게 먹었다.

식사를 하면서 주변 정보를 얻고 나오려고 하는데 아주머니가 "날이 더운데 찬 물을 받아가세요." 하고는 아이스 팩을 2개 주면서 가져가라고 하는데 어차피 가다보면 얼음이 다 녹고 따뜻해지는 것을 가져가봐야 소용이 없다며 마음만 받겠다고 하고 나오는데 "끝나는 날까지 아프지 말고 목표 달성하세요." 했다. 고마웠다. 여행을 하다보면 참으로 좋은 사람들을 많이 만나는 것 같다.

창선 삼천포대교를 건너니까 사천시였다. 삼천포항 인근에서 자기에는 시간이 빨라 더 진행했더니 고성군이 나왔다. 앞으로 식당이 나오지 않을 것 같아서 4시 30분인데 식당에서 갈비탕을 먹었다. 식당 주인이 1㎞가면 모텔이 있다고 했다. 그러나 1㎞가 지나도 모텔이 나오지 않았다.

그래도 계속 진행하니까 모텔이 하나 보였다. 들어갔더니 5만 원을 내라고 했다. 할인해 달라고 했더니 여기는 무인텔인데 어떻게 이리 오셨느냐고 했다. 무인텔이라서 할인을 해주지 않는다고 했다. 택시를 불러 타고 다시 나가서 시내에서 자겠다며 나가려고 하니까 주인을 불렀다.

주인이 오더니 택시를 타고 나가셔야 택시비가 들어가니까 4만 원에 주무시라고 했다. 방에 들어가자마자 옷을 빨아 말리고 샤워를 했다.

오늘 걸음 수는 61,643보(누계 1,362,617보), 이동거리는 46㎞(누계 1,058㎞)이다. 오늘은 폭염주의보는 내려지지 않았지만 너무 더웠다. 이마에서 땀이 비 오듯 흘렀다. 준비한 물이 바닥에 났다.

동생 영숙이에게서 전화가 왔다. 왜 이 더운 날씨에 도보여행을 시작했느냐는 것이다. 고혈압도 있고 당뇨도 있다며 괜찮으냐고 했다. 여행기간이 많이 걸릴 것이라고 예상하여 삼복더위에 도보여행을 계획한 것이 착오였지만 이미 출발했으니까 잘 마무리 하자는 생각만 들었다.

박주하 동장은 여행기간 중에 이따금 안부 전화를 주는 친구 중에 한 명이다. 내가 매일 페이스 북에 여행 내용을 게시하고 있지만 페이스 북을 하지 않으니까 내가 여행하는 내용을 모른다. 그러다 보니 가끔 전화로 안부를 물어 온다. 박동장을 86년 수암면에 근무할 때 처음 만났으니까 벌써 만난 지 30년이 넘었다. 그리고 2004년 스페인 모로코 여행을 다녀와서 여행자 모임을 만들어 매년 해외여행을 하고 있는 친구다. 정말 고마운 친구다.

여행지에서 만난
아버지 추도일

오늘은 아버지 추도일이다. 다른 가족들은 집에서 예배를 드리라고 하고 나는 여행지에서 기도를 드리고 도보여행을 계속하기로 했다.

아버지는 6.25때 홀로 월남하셔서 남한에 아버지의 친척은 한 명도 없다. 월남한 사람들 중에는 북한이 가까운 휴전선 근처에 집을 장만하고 사는 사람도 있다는 소리를 들었지만 아버지는 용인에 정착하셨다. 우리들에게 고향에 대한 이야기는 하시지 않으셨다. 한창 이산가족 찾기 방송이 나올 때도 신청하지 않으셨다. 아버지는 고향을 떠나신 후 한 번도 고향땅을 밟아보지 못하시고 돌아가셨다.

내가 고등학교 1학년 때 회갑이셨다. 회갑 날 쉬시지도 못하시고 남의 집에 모내기를 나가셨다. 지금은 회갑잔치를 하지 않지만 당시에는 회갑 때는 회갑잔치를 했다. 장남인 내가 어리다보니 아버지의 회갑잔치를 해드리지 못했다. 아버지는 내가 고등학교 2학년 때부터 앓으시다가 내가 고등학교를 졸업하는 해에 돌아가셨으니까 고향이 얼마나 그리 우셨을까? 아버지가 생각난다. 아버지가 그립다.

25일차 도보여행은 7월 11일 경남 고성모텔에서 5시에 나와 걷기 시작했다. 어제 근처에 모텔이 없다고 하더니 조금 진행하니까 모텔이 하나 보였다. 걷는데 학동이라는 마을을 지나기 전에 멀리 내려다보이는 섬들의 모습이 너무나 아름다웠다. 그래서 사진을 촬영하고 나중에 지나가면서 가까이서 보니까 아까 그 모습이 아니었다.

어떤 것은 멀리서 보면 예뻐 보이던 것이 가까이에 가면 예뻐 보이지 않는 것이 있다. 어떤 것은 멀리서 보면 맛을 느낄 수 없는데 가까이에 가서 봐야 제 맛을 느낄 수 있는 것이 있다. 가까이서 봐야하는 것이 있고 멀리서 봐야하는 것이 있는 모양이다.

학동을 지날 때 보니까 음악고등학교가 있었다. 고등학교가 이제는 다양화 되는 모양이다. 전에는 인문계고등학교, 공업고등학교, 상업고등학교 정도였는데 요즈음은 자동차과학고, 조리과학고, 외국어고등학교, 음악고등학교, 과학고등학교 등 종류가 참으로 다양해졌다.

오늘은 오르막길이 참으로 많았다. 끌고 가는 가방을 끌고 고개를 올라가면 옷이 흠뻑 젖는다. 고개 마루에 올라가서는 어제 샀던 자두, 육포, 핫브레이크 등을 먹으며 충분히 쉬면서 물을 많이 마셨다. 물을 많이 마셨지만 땀으로 다 나와서 그런지 소변은 한 번도 보지 않았다.

걸어가며 아침식사를 할 식당을 찾았지만 시골마을을 지나다 보니 식당이 보이지 않았다. 5시간 동안 22㎞를 걸어 10시에 삼산면소재지에 도착했다. 시내 안으로 들어가야 식당이 있을 것 같아서 시내 안으로 들어갔다. '용호식당'이라는 간판이 붙어 있는 집으로 들어가 문을 열었더니 가정집이었다. 전에 음식점을 했었는데 아직 간판을 떼어내지 않은 모양이다.

하는 수없이 더 진행할 수밖에 없었다. 조금 더 진행하니까 식당이 보였다. 식당에 들어갔더니 식탁에 수저가 다 놓여 있었다. 예약손님이 많은가보다 생각했더니 모든 식탁에 수저를 놓은 것이었다. 아침식사를 하려고 한다고 했더니 밥을 하고 있는데 아직 준비가 되지 않았다고 했다. 준비가 될 때까지 앉아서 기다리겠다고 하고 식탁에 앉아서 기다리니까 김치찌개를 해서 주는데 맛있었다.

날씨가 너무 더웠다. 이마에서 땀이 흘러내리면 장갑을 낀 손으로 땀을 씻어낸다. 그러다보니 장갑은 늘 젖어있었다. 장갑이 젖어 있으니까 벗었다가 다시 낄 때는 손에 잘 들어가지도 않고 손에서 잘 빠지지도 않았다.

길을 걷다가 옥수수를 판매하는 곳이 있어 3천원어치를 샀더니 옥수수 5자루를 줬다. 어디서 왔느냐고 물어 경기도 시흥에서 여기까지 걸어왔다고 하니까 놀랐다. 자기 아들이 경기도 용인에 산다고 하여 용인은 내 고향이라고 했더니 옥수수 2자루를 더 주며 건강하게 완주하라고 인사를 했다.

통영에 도착하여 거제에 사는 정동순 팀장에게 전화를 했다. 인사가 나서 하청면 복지팀장으로 발령을 받았다고 했다. 오늘 복합청사로 개청해서 준비하느라고 모두가 정신없이 바빴다고 했다. 내일 점심에 점심을 먹기로 약속했다.

모텔을 찾으려고 했으나 모텔이 보이지 않아 길가는 사람에게 물었더니 다시 되돌아가야 한다고 했다. 그래서 발길을 돌려 되돌아가고 있는데 아까 길을 가르쳐준 사람이 "여행을 하시나 봐요?" 여행을 하시는 분이면 비싼 데로 가시지 말고 통영시청 인근 구시가지에 있는 모텔이 조금 싸니까 그리고 가라고 했다.

다시 발길을 돌려 시청 부근으로 향했다. 이동 중 식사를 하고 모텔로 가기로 하고 먼저 식당에 들려 해물된장찌개를 시켜 먹고 모텔로 왔더니 4만원을 달라고 하여 25일 동안 도보여행을 하고 있는데 다른 데서는 3만 원에 해주던데 3만 원에 달라고 했더니 3만 원만 내라고 했다.

오늘 걸음 수는 79,970보(누계 1,442,587보), 이동거리는 58㎞(누계 1,116㎞)이다. 오늘 도보여행을 시작한 이래 가장 많은 걸음을 걸었다. 가장 많이 걸었지만 다른 날과는 달리 발바닥에서 신호가 오지 않아 걷는 데는 크게 힘들지 않았다.

낙동강 하굿둑 가로수 터널을
걸을 때가 좋았다

　26일차 도보여행은 7월 12일 5시 통영 숙소에서 나오자마자 식당이 보여 이른 시간이기는 하지만 어제처럼 식사를 하지 못할 것 같아서 백반으로 아침식사를 했다. 출발하는데 안개가 자욱했다. 8시경 신거제 대교를 건넜다. 햇빛이 나니까 날씨가 무더웠다. 어제보다 더 더운 것 같았다.

　2015년 제39회 청백봉사상을 같이 수상했던 정동순 팀장과 점심식사를 하기로 했다. 정팀장이 하청면으로 발령이 났다고 해서 하청면사무소까지 약속시간 안에 도착하기에는 시간적으로 부족했다. 거제시외버스터미널 부근에서 택시를 타고 하청면사무소까지 갔다.

　면사무소 앞에서 내리니까 정팀장이 기다리고 있었다. 정팀장 차를 타고 물회를 잘 한다는 식당으로 점심식사를 하러갔다. 물회로 점심을 먹는데 정팀장이 날것을 먹지 않는다며 전복과 회 종류를 내 그릇으로 옮겼다. 정팀장이 하청면으로 발령을 받은 지 3일이 되었다고 한다. 그리고 어제는 면사무소를 새로 지어 개청식을 했다고 한다. 아직 업무인수인계도 되지 않은 시점에 방문하게 되어 미안했다.

가거대교를 걸어서 부산으로 이동하려고 했는데 가거대교는 도보로는 갈 수가 없다고 했다. 정팀장이 시외버스터미널까지 태워주고 내가 짐을 내리는 사이 부산가는 버스표까지 사왔다. 차가 바로 출발하는 바람에 인사도 제대로 하지 못하고 헤어졌다.

내년 봄에 거제도에서 모임을 가질 예정이니까 그 때 자세히 보기로 하고 아쉬움을 뒤로 하기로 했다. 도보여행을 하면서 자세하게 보려면 1년도 더 걸릴 것 같다. 앞으로 시간이 나는 대로 좀 자세하게 보는 시간을 가질 생각이다.

4개의 섬인 저도, 대죽도, 가덕도, 눌차도를 지나 부산으로 가야하는 것인데 차를 타고 가면서 보니까 경치가 아름다웠다. 중간에 어느 섬인가에 대통령 별장이 있어서 전부터 민간인들이 출입하기가 어려웠다는 얘기를 들었다. 대통령 별장 말고도 덕포터널, 장목터널, 저도터널, 해저침매터널 등 5개의 터널을 지나야 하고, 다리를 4개나 지나야 하는 코스다.

도보 여행자에게 위험한 곳 중에 하나가 터널이다. 이번 도보여행을 하면서 4개의 터널을 도보로 이동했는데 보행자 도로가 만들어져 있지 않아서 벽으로 바짝 붙어서 갈 수밖에 없었다. 벽에 바짝 붙어서 가더라도 큰 차가 올 때는 위험하고 바람도 심해서 몸이 흔들릴 때도 있었다.

터널보다도 다리를 지나는 것 때문에 보행자가 지나가지 못하게 한다고 한다. 혹 자살을 할지도 모르기 때문에 보행자가 통행하지 못하는 자동차전용도로로 지정하여 운용하고 있다. 다리를 지나가면서 자세히 보니까 보행자가 지나갈 수 있는 공간은 충분한데도 안전이 중요하기 때문에 막는 것을 어떻게 하겠는가.

대덕도와 가덕도를 연결하는 해저침해터널의 길이는 3.7㎞, 폭은 26.5m, 높이 9.75m라고 한다. 그동안 가거대교가 건설되기 전에는 부산까지 가는데 140㎞를 2시간 30분 동안 돌아서 가야했는데 이제 50분이면 갈 수 있게 되었다고 한다.

오늘은 걸으면서 100원짜리 동전을 6개나 주웠다. 도로에 10원짜리 동전이 많이 버려져 있다. 10원짜리 동전은 누가 주워가지도 않는다. 100원짜리 동전은 줍지만 10원짜리 동전은 나도 줍지 않았다. 우리가 살아가며 10원짜리 동전 같은 인생이 되어서는 안 되겠다는 생각이 든다.

사람들에게 필요한 사람이 되어야지 사람들에게 필요하지 않은 사람이 되면 누구에게도 환영을 받지 못할 것이라는 생각이 들었다. 공직생활을 하면서 인사발령이 나면 어떤 사람이 오면 서로 데리고 가려고 하는데 어떤 사람이 오면 서로 안 받겠다고 한다. 사람이 부족하다며 사람을 더 달라고 하다가도 그 사람이 오면 그냥 없는 대로 일을 하겠다고 한다.

부산에 도착하여 시외버스터미널에서 내려 밖으로 나오니까 날씨가 푹푹 쪘다. 대합실은 이마트와 연결되어서 인지 시원했다.

잠시 대합실에서 카카오 맵을 보면서 어디로 이동할까 고민하다가 나와서는 낙동강변으로 이동하기로 했다. 사상역부터 고가로 경전철 노선이 있고 그 밑으로는 나무들도 심겨져 있고, 그늘도 있어 그늘에 앉아 쉬는 사람들이 많았다.

낙동강 하구 둑에 벚나무가 잘 가꾸어져 반은 자전거도로, 반은 보행자도로로 되어 있었다. 곳곳에 벤치가 놓여 있었다. 벚나무가 잘 가꾸어져 햇빛이 들어오지 않았다. 얼굴이 타지마라고 썼던 망이 달린 모자를 벗고 걸었다. 쓰고 있었던 모자를 벗으니까 더 시원했다. 걷는데 바람이 솔솔 불어오고, 매미소리도 들려왔다. 약 2.5㎞구간에 벚나무가 정말 잘 가꾸어져 있었다. 도로를 따라 운동하는 사람도 많이 보였다. 이따금 설치되어 있는 벤치에 앉아 휴식을 취하는 시간을 가졌다.

낙동강 하구방향으로 이동하다가 6시가 되어 저녁식사를 하기로 했다. 저녁식사를 하고 식당 근처에 호텔이라고 되어 있는 건물이 2개가 있었는데 한 군데 모텔에 1박 하는데 4만 원이라고 되어 있어 들어갔더니 4만5천 원을 달라고 하여 그냥 나오려고 했더니 현금으로 4만 원을 달라고 했다. 현금이 없다고 하니까 카드로 4만 원을 내라고 했다.

방에 들어와서는 옷을 빨아 양말과 팬티를 말리는 것을 최우선으로 했다. T셔츠는 말려도 걷다 보면 땀이 나서 젖는다. 그리고 바지는 걷다보면 마른다. 하지만 발을 보호하기 위해서 양말은 말려야 하고 팬티는 쓸리는 것을 막기 위해서 잘 말려야 한다.

　　그리고는 매일 하는 것처럼 페이스 북에 여행기를 게시하고 태블릿 PC를 꺼내어 여행기를 정리하는 시간을 가졌다. 오늘 걸음 수는 46,202보(누계 1,488,789보), 이동거리는 34km(누계 1,150km)이다. 내일은 박주하 동장이 격려차 내려온다고 하여 서두르지 않아도 되니까 모처럼 충분히 잠을 잘 수 있을 것 같다.

부산에서
부산에 온 시의원들과 점심 식사

27일차 도보여행은 7월 13일 박주하 동장이 격려차 내려온다고 하여 다른 곳으로 이동할 수 없어서 5시에 모닝콜이 울렸지만 6시로 고치고 다시 취침했다. 6시에 일어나 TV를 켜보니 폭염주의보가 내려졌다. 모텔을 빠져나오니까 바로 식당이 있어서 순대국밥을 시켜 먹었다.

일단 태종대 들어가는 입구로 이동하기 위해서 시내 인도를 따라 걷는데 인도 표면의 경사도가 심한 곳이 있어서 끌고 가는 가방을 끌고 가는 것이 힘이 들었다. 이발을 한지 오래되어 미용실이 나오면 이발을 하고 가려고 하는데 미용실이 보이지 않았다. 한참을 걸으니까 미용실이 보여 2층으로 올라갔더니 파마를 하는 사람이 있어 많이 기다려야 한다고 하여 그냥 내려왔다.

다시 한 참을 걷다가 미용실이 보였는데 이번에도 2층이었다. 짐을 가지고 2층에 올라갔더니 남자 이발사 1명이 있어서 이발을 해달라고 했다. 이발요금은 만원이었다. 머리가 길어서 답답했었는데 머리를 짧게 잘라 달라고 했다. 머리를 짧게 자르니까 시원하고 좋았다.

박주하 동장과 만나기 위해 부산자갈치시장을 지나 태종대 들어가는 영도다리 입구에서 기다리고 있는데 박동장과 통화를 하면서 중간에 차를 정차하기도 어렵고 쉽게 찾기도 어려운 곳이라는 생각이 들었다. 때 마침 김태경 시의원에게서 전화가 왔다. 시의원들이 부산으로 연수를 왔는데 함께 점심식사를 하자고 해서 그러자고 했다. 식사 장소가 수영구청 입구라고 해서 박동장에게 만나는 장소를 수영구청 정문 앞으로 바꾸고 택시를 타고 수영구청 정문 앞으로 이동했다.

수영구청 앞에서 기다리고 있는데 시의원들이 먼저 도착했다. 식당으로 가자고 했지만 박동장이 아직 도착하지 않아 기다렸다가 식당으로 이동하여 냉면으로 점심식사를 했다. 김영철 의장, 장재철 의원, 김태경 의원, 김찬심 의원, 박선옥 의원, 윤태학 의원과 박광목 과장 등 의회직원들이 함께 왔다. 식사를 마치고 시

부산에 연수 온 시의원

의원들과 헤어졌다.

지나가는 노인에게 부산에 와서 꼭 가봐야 할 곳이 어디냐고 물었더니 유엔기념공원과 태종대라고 했다. 박주하 동장과 유엔기념공원을 둘러봤다. 남의 나라를 위해서 싸우다가 이국땅에서 사망한 유엔군의 묘지다. 1955년 유엔이 영구적으로 관리하기로 유엔총회에서 결의하여 유엔에서 관리를 하다가 1974년 11개국으로 구성된 재한유엔기념공원 국제관리위원회로 위임되어 현재에 이르고 있다. 시설로는 기념관, 추모관, 유엔군 위령탑, 무명용사의 길 등이 있다.

유엔기념공원

유엔기념공원을 나와 태종대로 이동했다. 산책로를 따라 한 바퀴 도는데 약 5키로 정도 걸었다. 산책로가 그늘이 많아서 길을 걷는 것 보다 시원하고 좋았다. 사찰이 하나 있는데 사찰주변에 수국이 잘 가꾸어져 있었다. 현수막을 보니까 이미 기간은 지났지만 수국축제도 개최되었던 모양이다. 수국은 흰색만 있는 줄 알았는데 다양한 색깔이 수국이 있는데 정말 아름다웠다.

군에 입대하기 전에 고향집에 잘 가꾸어진 수국나무 한그루를 지나가는 사람이 너

태종대

무 예쁘다며 30만원을 줄 테니까 팔라고 하는데 팔지 않았다. 군복무를 마치고 돌아와 보니 수국나무가 망가져 있었다. 내가 군복무를 마치는 동안 집을 비우다보니 누가 가꾸지 않아 제멋대로 자라서 군에 입대하기 전의 모습을 찾을 수가 없었다.

부산 광안대교 근처로 이동하여 모텔을 잡고, 광안대교 야경을 보러 나갔다. 야경을 보다가 들어와서 씻고 나니 12시가 훨씬 넘었다. 박동장이 술을 마시면 함께 한 잔하면서 시간을 보낼 텐데 술을 마시지 않으니까 그냥 숙소로 이동했다. 내일은 9시에 일어나기로 하고 모닝콜을 9시로 조정하고 취침했다.

오늘 걸음 수는 36,657보(누계 1,525,444보), 이동거리는 26㎞(누계 1,176㎞)이다.

산책하기 좋은
부산의 달맞이길

28일차 도보여행은 7월 14일 광안리해수욕장 인근 숙소에서 9시에 기상하여 박주하 동장이 해운대해수욕장 근처에 맛있는 해운대암소갈비집이 있다고 하여 어렵게 찾아갔다. 11시경 들어가려고 했더니 종업원이 11시30분부터 영업을 한다고 했다.

그래서 박동장과 해운대 해수욕장까지 걸어가서 잠시 둘러보고 다시 식당으로 갔다. 해운대암소갈비집이 유명한 집이기는 한 모양이다. 식당이 1층 한옥 집으로 되어 있지만 앞뒤로 주차장이 크

해운대해수욕장

게 2개나 조성되어 있다. 갈비 1인분이 3만7천원이고, 된장찌개나 공기 밥도 모두 별도로 돈을 내야 한다고 했다.

해운대 암소갈비집

달맞이길 관광안내도

식사를 마치고 박동장과 헤어져 나는 동쪽인 포항을 향하여 이동하기 시작했다. 큰 길을 택하지 않고 작은 길을 선택했더니 부산시에서 달맞이 길로 조성해 놓은 곳이다. 산책로를 데크로 깔아 놓았고 오래된 벚나무 그늘이 있어 하루 중 가장 더운 시간인 12시 30분부터 2시 30분까지 걸었는데도 덥다는 느낌이 들지 않았다. 경사진 길로 끌고 올라가야 하는데도 힘도 들지 않고, 바람이 불어 시원한 느낌이 들었다.

지형과 나무들을 살리면서 산책로를 잘 만들어서 산책하기 좋은 코스다. 중간에 옛길을 복원한 곳이 있는데 비포장으로 되어 있었다. 천천히 시간을 갖고 산책하기 좋은 곳인데 너무 많은 시간을 보낼 수 없어 천천히 걸어가며 즐기고 다음에 시간을 내어 한 번 다시 걸어보는 기회를 갖고 싶다.

홍사옥 과장이 일요일에 내가 걷는 곳으로 내려와 함께 점심을 먹자고 전화가 왔다. 이번 도보여행을 하면서 참으로 많은 지인들이 멀리까지 찾아와 격려를 해준다며 남쪽 끝까지 찾아오는 등 너무 과대한 대접을 받는 느낌이다. 도보 여행자를 격려한다며 멀리까지 찾아가 격려하는 것이 쉽지 않은 일인데 너무 고마웠다.

노트와 휴대폰을 넣어가지고 허리에 차고 다니던 가방의 끈이 끊어져 바꿔야 했다. 달맞이 길을 벗어나 부산광역시 기장군 기장해수욕장을 지나는 길옆에 롯데아울렛이 보였다. 잠시 아울렛에 들어가서 3만5천 원을 주고 허리에 차는 가방 하나를 구입했다.

송정역은 지금은 역으로 사용하지 않고 시민갤러리로 사용되고 있는 모양이다. 송정역 안으로 들어갔더니 조각 작품이 전시되어 있고, 벽에는 해운대세일링 클럽 관련 자료들이 붙어 있었다. 송정역을 지나 기장군청소재지가 있는 곳으로 가서 내장해장국으로 저녁을 먹고 모텔을 잡았다. 씻고 박동장과 이야기를 나누느라고 어제 정리하지 못한 여행기를 정리했다. 오늘 걷는 도로는 인도와 자전거도로가 잘 조성되어 있어 걷기가 좋았다.

며칠 전 TV에서 대변초등학교 학생들이 다른 학교 학생들이 '대변초등학교'라고 놀린다며 학교명을 바꿔 달라고 하는 것을 보았는데 오늘 걸으면서 부산광역시 기장군 대변초등학교 주변을 걷게 되었다. 사람이름이나 학교명을 지을 때 역사적인 지명을 찾는 것도 좋지만 놀림거리가 되지 않도록 할 필요가 있다.

오늘 걸음 수는 33,548보(누계 1,558,992보), 이동거리는 25㎞(누계 1,201㎞)이다. 오늘은 늦게 일어났고, 박동장과 시간을 보내다 보니 이동거리는 짧다. 날씨가 시원하고 시간만 충분하다면 천천히 주변을 살펴보면서 여행하는 것이 좋지만 도보여행을 하면서 관광지를 둘러보며 가는 것은 한계가 있다.

동해안을 따라 걸으며

1인분은 물 회가 아니면 횟 밥만 가능하단다 | 먼 도보 여행지까지 찾아온 동료 과장님 부부 | 어디까지 가는지 몰라도 경운기에 타라 | 오른쪽 어깨에 통증이 오기 시작했다 | 영덕 해변에 설치된 정자에서 배낭을 베개 삼고 누워 | 도보여행 34일 만에 처음 만난 도보 여행자가 고등학교 후배 | 도보여행을 시작한 지 35일 만에 강원도 땅을 밟았다 | 지난해 여름휴가 때 탔었던 삼척 레일바이크 옆을 지나서 | 도보여행 중 40년 만에 만난 여자 동창 | 아내와 경포호를 산책하고 짬뽕 순두부를 먹었다 | 도보 여행자는 이슬비를 맞으며 걸을 때가 좋다 | 아침 식사를 서비스로 제공한 신천옥, 이근우 대표 | 출발한 지 41일 만에 강원도 고성 통일전망대 도착

1인분은 물 회가 아니면 횟 밥만 가능하단다

　29일차 도보여행은 7월 15일 아침 5시에 기상하여 기장을 떠나 울산방향으로 향했다. 임랑 해수욕장을 지나면서 잠시 쉬고 있을 때 마을에 사는 사람과 이야기를 나눌 기회가 있었는데 민박이 얼마냐고 물었더니 5인이 잘 수 있는 방이 15만 원이라고 했다. 민박은 펜션 보다는 싸고 모텔정도의 비용을 받을 것이라고 생각했는데 생각보다 훨씬 비쌌다.

　9시 40분경 부산시 기장군을 지나 울산광역시 울주군 서생면에 도착했다. 2015년 나와 함께 청백봉사상을 수상했던 김외화 팀장이 울주군에 근무하고 있어 전화를 했더니 자신은 급하게 출장을 가야해서 어디를 가고 있다며 신랑과 꼭 점심을 먹으라고 했다. 괜찮다고 했는데도 남편 임명택씨로부터 전화가 왔다. 이따가 갈 테니까 같이 점심을 먹자고 했다.

　바닷가 길로 걸어가는데 지난해에 김외화 팀장의 초청으로 방문해 저녁을 먹으며 걸었던 길을 다시 방문한 것이다. 그 때는 저녁이었는데 이번에는 낮에 그 길을 걷게 된 것이다. 나사해수욕장과 접한 나사리 마을 벽에 벽화마을을 조성하고 있었다. 그림을 그리는 봉사자들이 입은 T셔츠에 후원은 한수원(주) 새울원자력본부, 주관은 자원봉사센터라고 되어 있는 것을 보아 한수원에서 지원받아 진행되는 사업인 모양이다.

간절곶 우체통, 등대를 둘러보며 기념촬영을 했다. 다른 곳과는 달리 기념사진을 촬영하려는 사람들이 많이 있다 보니 주변에 있는 사람들에게 사진을 찍어 달라고 할 수 있어서 좋았다. 지난해에 왔었지만 그때와는 또 다른 느낌이 들었다. 그래서 여행자는 갔던 곳을 다시 찾는 모양이다. 나도 이번 도보여행을 하면서 들리지 못했던 곳이나 좋았던 곳을 앞으로 시간이 날 때 다시 방문할 생각이다.

청백봉사상을
함께 수상한
김외화 남편 임병택

간절곶에 도착했을 때 김외화 팀장의 남편 임명택씨가 어디에 있느냐고 하여 간절곶 등대에서 기다리겠다고 했더니 잠시 후에 임명택씨가 도착했다. 근처 횟집에서 물회를 먹고 자리를 이동하여 카페에 가서 아메리카노 아이스를 마시고, 다시 걸어서 진행하려고 했더니 임명택씨가 공단 부근은 걸어가기가 위험하다며 공단을 지나는데까지만 태워주겠다고 해서 그러라고 했다.

차를 타고 공단지역을 지나면서 살펴보니 공단지역에는 인도가 없는데 직원들의 차를 도로가에 주차해놔 도보로 지나가려면 쉽지 않은 지역이었다. 새로 개설한 국도 31호선을 타고 이동하려고 했는데 구도로를 이용하면 볼거리도 있고, 바닷길로 바로 연결된다고 해서 구도로를 타고 걸었다.

무룡고개로 올라가는 길인데 무룡고개 길은 국토종주 동해안 자전거 길로 지정되어 있어서 인지 자전거를 타는 사람을 유난히 많이 볼 수 있었다. 2차선 도로인데 양옆에 벚나무가 잘 자라 그늘이 져서 하루 중 가장 더운 시간에 오르막길을 걷고 있음에도 불구하고 시원해서 어렵지 않게 고개를 오를 수 있었다.

고개를 넘으며 3개소에 쉼터가 설치되어 있었는데 쉼터에는 자전거를 탄 사람들만 이용하는 것이 아니라 승용차를 타고 와서 깔판을 깔고 쉬는 사람, 텐트를 치고 쉬는 사람을 많이 볼 수 있었다. 정상에서 쉬고 있을 때 노부부가 돗자리를 가지고 왔다. "여행을 하시는가 봐요?"라고 노부부가 묻길래 "예, 경기도 시흥에서 출발하여 남해를 거쳐 동해로 올라가고 있는 중입니다." 했더니 "혼자서요?" 했다. "예. 혼자서 갑니다." 했더니 자신도 젊었을 때 친구 3명과 함께 무전여행을 했던 적이 있는데 혼자서는 쉽지 않다며 정말 대단하다고 했다.

잠시 쉬다가 다시 출발하려고 일어나니까 "아프지 말고 완주하세요." 했다. 그래서 "예. 잘 쉬다 가세요." 하고는 다시 길을 재촉했다.

무룡고개를 넘어가는데 나는 차도 옆에 그어 놓은 자전거도로를 이용해서 걷고 있는데 나뭇가지가 자전거도로를 침범해서 걷는데 불편했다. 그래서 걸어가며 방해가 되는 나뭇가지를 모두 꺾어가며 걸었다. 다행히 가시가 없는 족제비싸리 나무라서 손으로 꺾는데 찔리지 않았다. 구 도로라서 관리를 하지 않는 모양이다. 하지만 국토종주 동해안 자전거 길로 지정만 해 놓고, 이용자들이 많은데 관리가 되지 않는 것이 아쉬웠다.

울산광역시 북구 정자지구 몽돌해변에 몽돌(동글동글한 작은 돌)로 이루어진 모래사장이 넓은데도 다른 해수욕장과는 달리 개인이 가져온 텐트가 많이 쳐져 있었고, 낚시를 하는 사람들도 많이 보였다. 궁금해서 낚시를 하는 사람에게 다가가서 물어봤더니 이곳은 공식해수욕장이 아니라서 텐트를 치는데 돈을 받지 않는다고 했다. 모래사장에서 5미터만 나가도 수심이 깊어서 수영이 금지되어 있다고 했다. 낚시로 무슨 고기가 잡히느냐고 했더니 계절에 따라 다르지만 성대, 보리 밀, 장어(밤에만), 숭어, 농어가 잡힌다고 했다.

정자지구 몽돌해변 주변에는 음식점이 많은데 대부분이 대게라는 글씨가 들어간 간판이 붙어 있었다. 혼자서 오면 먹을 수 있는 것이 물 회라고 하는데 점심으로 물 회를 먹어서 물 회가 아닌 다른 메뉴를 하는 음식점을 찾는 것이 쉽지가 않았다. 간신히 백반을 하는 집을 찾아서 저녁식사를 했다.

모텔을 찾아서 들어갔더니 4만 원을 달라고 했다. 조금 할인해 달라고 했더니 3만5천 원을 내라고 했다. 내 모습을 보더니 "여행을 하시는가 봐요?" 했다. 그래서 경기도 시흥에서 출발하여 서해,

남해를 거쳐 지금 동해로 올라가고 있으며 지금 29일째라고 했더니 그럼 3만 원만 내라고 했다.

모텔을 운영하시는 분들에게 도보여행을 한다는 이야기를 하면 대부분 할인을 해준다. 나같은 사람을 만나면 빨래를 하고, 드라이로 양말과 팬티를 말리느라고 전기도 많이 사용해서 도움이 되지 않을 텐데 요금을 할인해 준다. 도보여행을 하면서 가장 비용이 많이 들어가는 것이 숙박료이다 보니 요금을 할인해주면 여행자의 부담은 한결 가벼워질 것 같다.

오늘 걸음 수는 63,232보(누계 1,622,224), 이동거리는 47㎞(1,248㎞)이다. 저녁에 숙소에 들어와 쉬면서 아내와 통화하고 나서 매번 이옥신 면장이 전화를 걸어왔는데 오늘은 내가 먼저 전화를 했다. 걷는 중에 박주하 동장으로부터 격려전화가 왔다. 어디쯤 걷고 있는지, 건강은 괜찮은지 물었다.

먼 도보 여행지까지 찾아온
동료 과장님 부부

어제 잠이 들었는데 밤 12시경 군대 동기인 최진섭 친구가 전화를 해서 잠이 깬 후에 잠이 들지 않아 한 잠도 자지 못했다. 잠을 한 잠도 자지 못했지만 30일차 도보여행은 7월 16일 5시에 모닝콜이 울려 옷을 입고는 길을 나섰다.

정자지구 몽돌해변에서 출발하여 포항 방향으로 이동을 시작했다. 때마침 바다에서 솟아오르는 일출의 모습이 정말 아름답게 보였다. 일출의 모습은 많이 봐왔지만 도보여행을 하면서 보는 일출의 모습은 다른 느낌이었다. 조금 진행하니까 식당이 있어서 아침 식사부터 했다. 조금 진행하다 보니까 아주 작은 물고기를 삶아서 말리는 곳이 있었다. 자세히 보니까 멸치는 아닌 것 같았다. 그래서 무슨 고기냐고 했더니 정어리 새끼라고 했다.

걷고 있는데 어제 만나서 점심식사를 같이 하고 걷는데 위험하다며 산업단지를 벗어나는 곳까지 태워준 임명택씨가 어디쯤 가고 있는지 안부를 물어왔다.

국토종주 동해안 자전거 길을 따라 걷고 있는데 월성원자력 발전소 부근에 이르렀을 때 홍사옥 과장으로부터 전화가 왔다. 나를 만나기 위해서 부산 방향으로 향하고 있다고 했다. 어디쯤 가고 있는지 물어 지금 월성원자력발전소 부근을 지나고 있다고 했다. 자전거 길을 따라 걸어가는데 월성원자력발전소 때문에 도로가 폐쇄되었다.

국도31호선을 타고 가려고 했더니 터널이 있고, 자동차전용도로로 지정되어 있어 걸어서는 갈수가 없다고 하여 10㎞를 돌아가는 국토종주 동해안 자전거 길을 따라 걸어갈 수밖에 없었다. 그러면서 홍사옥 과장과 내가 엇갈리면서 홍사옥 과장이 애를 먹었다. 그냥 내가 원전 앞에서 기다렸다면 고생을 하지 않았을 텐데 하는 생각이 들었다. 하지만 이미 늦어 버렸다.

먼곳까지 찾아온 과장님 부부

어렵게 홍사옥 과장과 만났다. 홍사옥 과장은 이향순 사모와 함께 왔다. 기념사진부터 찍고 식당에 들어가서 동태찌개를 시키고 기다리는데 옥수수를 삶아 왔다며 몇 자루 줬다. 오이와 참외도 주며 간식으로 먹으라며 줬다. 식사를 하고 식당에서 이야기를 나누다가 헤어질 때 홍사옥 과장은 격려금 봉투까지 줬다.

멀리까지 응원을 와준 것만도 고마운데 몸 둘 바를 모르겠다. 이번 도보여행을 하면서 참으로 많은 사람에게 빚을 지는 것 같다. 공직사회는 그만두면 그만두는 순간부터 인연이 끊어진다는 얘기를 많이 들어왔다. 그런데 나는 사실상 공직사회를 떠난 것인데 참으로 많은 사람들이 먼 길을 찾아와 응원을 해줬다.

홍사옥 과장 내외와 헤어져 포항방향으로 이동하는 중 감포 부근에 도착했을 때 오후 3시경 폭염경보가 내려졌다는 문자가 왔다. 마을 앰프 방송에서도 폭염주의보가 내려졌으니까 야외활동을 자제하라고 했다. 정말로 날씨가 무더워 걸으면서도 쉬는 시간을 많이 가졌다. 바닷가를 걸으니까 바람이 불어 좀 나았지만 무척 더웠다. 바다에서 불어오는 바람이 더위를 해결해주지 못했다.

때마침 카페도 운영하고, 편의점도 운영하는 골든스테이지 펜션이 보였다. 자몽에이드를 한 잔 시키고 자리에 앉아서 쉬려고 했는데 자리가 꽉 차서 사람이 앉지 않은 빈 의자를 하나 끌어다 앉았다. 조금 앉아있으니까 한 자리가 비어 얼른 그 자리에 앉아서 자몽에이드를 마셨다. 컵에 얼음이 남아 있어 정수기에서 찬 물을 받아다가 한 잔 더 마시고 편의점에 들러 얼음으로 언 물병 2개를 구입했다. 얼음으로 얼린 물은 더 비싸다며 1병에 300원씩 더 내라고 했다.

걷는 도로 주변에 버스승강장이 있으면 잠시 앉아서 쉴 수 있다. 하지만 버스승강장 지붕을 투명하게 만들어 놓은 곳은 버스승강장이 더 덥다. 햇볕을 가려주지도 않고 바람도 불지 않으니까 더 덥다. 더울 때는 스쳐지나가는 한 그루의 가로수 그늘도 시원하다. 잠깐 스쳐지나가는 그늘이라도 그립다. 폭염주의보도 내려졌고 너무 더워서 이마에서 땀방울이 비 오듯 흘러내릴 때 카페에서 차 한 잔 마시며 쉴 수 있어서 좋았다.

감포항에 도착하였을 무렵 5시 30분정도 되어 더 진행하지 않고 모텔을 잡았다. 모텔에 들어갔더니 5만 원을 달라고 했다. 현금으로 내는 조건으로 4만 원에 해준다고 하여 그냥 자기로 했다. 짐을 방에 넣고 근처에 있는 식당에 갔는데 1인분 아구탕이 가능하다고 하여 저녁으로 아구탕을 먹었는데 가격은 1만5천 원을 달라고 했다. 식사를 하고 감포항을 둘러 봤더니 항구가 상당히 크고, 큰 배들도 많이 정박해 있었다.

방에 들어와 땀에 젖은 옷을 빨아 드라이로 말리고 페이스 북에 '30일차 도보여행을 마칩니다.' 라고 오늘 진행상황을 올리고 태블릿 PC를 꺼내어 도보 여행기를 정리했다. 휴대폰으로 촬영한 사진을 태블릿 PC에 옮겨 저장하려고 하는데 잘 옮겨지지 않았다. 카메라를 가져올 것을 괜히 짐을 줄인다며 가져오지 않은 것이 후회가 되었다.

오늘 걸음 수는 55,806보(누계 1,678,030보), 이동거리는 41㎞(누계 1,289㎞)이다.

어디까지 가는지 몰라도
경운기에 타라

도보여행을 시작한지 한 달째인 7월17일 31일차 도보여행은 4시30분에 기상하여 옷을 챙겨 입고 나가니까 4시 50분이었다. 어제 오후에는 너무 더워서 힘들어 조금 일찍 출발하기로 했다. 감포항의 새벽의 모습이 아름다워 사진에 담고 걷기 시작했다.

2시간 정도 걷다가 버스승강장에 앉아서 어제 홍사옥 과장 사모가 가져온 옥수수를 먹고 있는데 할머니 두 분이 나오시더니 버스승강장을 깨끗하게 청소를 시작했다. 젊은 사람들이 하지 않으니까 늙은이가 해야 한다며 청소를 하셨다. 걸어가다 버스승강장을 만나 쉬려고 하면 의자에 먼지가 쌓여 앉을 수가 없었는데 이곳은 할머니들이 청소를 하는 모습을 보니까 좋았다.

도보여행을 하다가 보면 버스승강장이 가장 쉬기 좋은 곳이다. 그늘을 만들어 주어 망이 달린 모자를 벗을 수도 있고, 신발도 벗고, 양말도 벗고 발을 주물러 줄 수 있는 곳이다. 그런데 대부분의 버스승강장의 의자에는 먼지가 쌓여 있어서 그냥 앉을 수가 없다. 그래서 관광안내지도를 깔고 앉아야 할 때가 많다.

내가 걷는 길이 시골길이고 농촌에는 노인만 살다보니까 시군에서 지원해주는 버스를 운행하다 보니 마을 곳곳을 돌아다닌다. 버스를 이용하는 사람들이 버스승강장을 잘 이용하지 않는지 대부분의 버스승강장 의자에는 먼지가 많이 쌓여있다.

끌고 가는 가방에 어제 홍과장 사모가 준 옥수수, 오이, 참외가 들어있고, 물이 5병이나 있고, 핫브레이크가 10개 정도가 있으니 식당을 못 만나면 이것을 먹으면 된다고 편하게 생각하고 다시 걷기 시작했다. 양포마을에 도착했을 때 문을 연 음식점이 있어 들어가 콩나물국밥을 먹고 출발했다.

고개 길을 올라가고 있는데 경운기를 몰고 가는 노인이 경운기를 세우더니 "어디까지 가는지 몰라도 타세요." 했다. 노인의 말을 거역하는 것이 예의가 아닌 것 같고, 어릴 때 타봤던 기분을 느끼기 위해 경운기에 올라탔다. 경운기는 약 2㎞ 정도 가더니 내리라고 했다. 가방 하나 등에 메고, 배에는 허리에 차는 가방이 있고, 한 손으로는 끄는 가방을 끌며 고개 길을 올라가는 모습이 안타까웠던 모양이다.

지금은 경운기보다도 트랙터로 일을 하지만 내가 고등학교를 졸업할 무렵에는 경운기보다는 소가 논이나 밭을 갈았다. 소가 끄는 마차에 짐을 실어 날랐다. 나도 집에 있는 소를 가지고 나가서 논이나 밭을 갈기도 했다. 조금 여유가 있는 집에 경운기가 들어오기 시작했다. 학교에 갈 때 경운기를 만나면 타고 갈 때가 많았다.

이동하다가 버스승강장에 앉아 쉬고 있는데 할머니 한 분이 오셨다. "어디 가세요?" 했더니 허리가 아파서 침을 맞으러 가는데 일주일 동안 나오라고 했다고 한다. 아들은 현대자동차에 근무하고 있는데 오지 않고 있고, 딸들도 취직해서 나가서 사니까 혼자 집에 있다고 했다. 밭도 천 평 있는데 농사지을 사람이 없어서 소를 키우는 사람에게 지어 먹으라고 줬다고 했다.

할머니는 택시를 부르면 6천원, 나가는 택시를 타면 1천5백원, 버스를 타면 1천2백원이라고 했다. 버스가 자주 오지 않으니까 지나가는 차가 있으면 태워 달라고 해도 태워주지 않으니까 힘들다고 했다. 다행히 지나가는 차에 태워 달라고 했더니 태워주어 할머니는 차를 타고 갔다.

자식을 낳아도 덕을 볼 생각은 하지 말라는 얘기를 많이 들었지만 현실을 보면서 씁쓸한 생각이 들었다. 노년에 지팡이를 짚으면서도 직접 밥을 해 먹는 것이 쉽지 않을 것이다. 그리고 혼자서 지내려니 외로울 수밖에 없다.

도보여행을 하다 로드 킬을 참 많이 봤다. 고라니, 개, 고양이, 까치, 멧새, 황소개구리, 뱀, 두더지, 사슴벌레, 잠자리 등 수없는 사체를 봤다. 어떤 것은 피가 흐르는 채로 도로에 방치되어 있는 것도 있었고, 어떤 것은 말라비틀어진 것도 있다. 크기가 아주 작은 것은 몰라도 고라니나 개 같이 덩치가 큰 동물은 바로 치워줬으면 좋겠는데 그대로 방치되어 있는 곳이 있다.

유리처럼 투명한 재질로 방음벽을 만들어 놓은 곳에서는 멧새들의 사체가 유난히 많다. 투명해서 벽이 있는 것을 모르고 날아가다가 부딪치는 모양이다. 사체 옆에 새가 와서 지켜보고 있는 장면이 보였다. 어미 새인지 아빠 새인지는 몰라도 죽은 새와 관련이 있는 모양이다. 죽은 새가 안타까워 주변을 떠나지 못하고 있는 것이다.

얼마 전 인터넷에서 사체가 발견되어 가족에게 연락했더니 '오래전부터 만나오지 않았다', '부모라고 나에게 해준 것이 아무 것도 없다'는 등의 이유로 사체를 거부하는 사례가 많다고 한다. 어떤 상황의 발생 이후 가족들을 끊임없이 못살게 굴었던 경우가 많다고 한다. 안타까운 일이 아닐 수 없다. 새끼가 죽었다고 하더라도 어떤 조치를 할 수 없는 새들도 곁을 지키고 있는데 말이다.

오후 1시경 구룡포 입구에서 해안순대국밥 집으로 들어갔다. 수육국밥을 시켜 먹고 계산을 하려는데 "여행을 하시는가 봐요?" 해서 경기도 시흥에서 여기까지 걸어왔다고 했더니 깜짝 놀랐다. "이 더위에 왜 그런 일을 해요. 무슨 사연이 있는 것은 아니지요?" 했다. 그러더니 "얼음물을 드릴까요?" 했다. 그래서 "그러면 고맙지요." 했더니 페트병 큰 병에 얼음물이 가득 든 물병을 하나 주면서 작은 페트병 3개에도 시원한 물을 담아줬다.

대보 해돋이 광장에 가서 새천년 기념관과 등대박물관을 관람하려고 했더니 토요일과 일요일에 근무하고 월요일에는 쉰다고 했다. 여기저기를 둘러보고 사진을 촬영하고 다른 사람에게 부탁하여 내가 담긴 사진도 몇 장 남겼다. 우표에 있는 등대박물관을 촬영하고 싶었는데 문이 잠겨 있어 울타리 안으로 손을 넣어 사진을 촬영했더니 제대로 나오지 않았다.

다른 날보다 많이 걸은 것은 아닌데 발바닥에 통증이 와서 더 걷기가 힘들었다. 포항에 가서 먼저 순대국으로 저녁을 먹고 인근 모텔에 들어갔더니 4만 원을 달라고 하여 도보여행자라며 할인해 달라고 했더니 3만 원을 내라고 했다. 먼저 바지와 T셔츠를 빨아서 드라이로 말리고 페이스 북에 '31일차 도보여행을 마칩니다.'를 올리고 여행기를 작성했다.

포항 새천년기념관

오늘 걸음 수는 67,406보(누계 1,745,436보), 이동거리는 50㎞(누계 1,339㎞)이다.

오른쪽 어깨에
통증이 오기 시작했다

32일차 도보여행은 7월 18일 5시 숙소에서 나와 바로 문을 연 음식점이 보여 들어가 황태해장국을 먹었다. 오늘따라 입맛이 없다. 억지로 다 먹기는 했지만 너무 일러서 그런 건지 지쳐서 그런지 모르겠다. 모닝콜이 늦게 울렸으면 하는 생각을 하는 것을 보면 좀 지쳤나보다. 이제 한 달이 넘었으니까 지칠 만도 하다.

한낮에 너무 더워 시원할 때 걸으려고 새벽부터 걸었지만 새벽에 걸어도 더웠다. 새벽에 나와도 고개를 하나 넘으려면 이마에서 땀이 흘러내린다. 실장갑을 낀 손으로 땀을 훔쳐 내리면 금방 또 흘러내린다. 물을 여러 병 준비해 왔지만 점심식사 하기 전에 4병 이상 마신다.

낮에는 그늘에서 쉬고 싶었지만 어디에도 쉴만한 장소가 마땅히 없다. 이따금 카페라도 나오면 차 한 잔 하면서 쉴 수 있지만 해변 길을 걷다보니 카페는 보이지 않고 횟집과 펜션만 보인다. 영일대해수욕장을 지나니까 환여동 어린이공원이 나와 신발을 벗고, 양말도 벗고 벤치에 앉아 좀 길게 쉬었다.

커다란 광고판 때문에 생긴 그늘 밑에서 쉬고 있는데 허정임 뷰티플 시흥 기자에게서 전화가 왔다. 페이스 북에 게시된 글 중에 도보여행 중에 만나는 사람들과 자연스럽게 이야기 하는 것이 좋았다고 했다. 도보여행은 잘하고 있는지, 목표가 어디인지, 옷은 어떻게 빨아 입는지 등 궁금해 하는 것이 많았다. 여행을 마치고 책을 쓸 것이냐고 물어서 쓸 생각이라고 했다.

국토종주 동해안 자전거도로를 이용해서 걷고 있는데 다른 지방자치단체와 달리 포항시는 잘 관리를 하지 않는 것 같았다. 이동경로를 찾기 쉽게 이정표를 만든 것도 아니고 하마터면 길을 잃을 뻔 했다. 산업단지 부근에는 주차난이 심해서 그런지 자전거도로에 차량이 주차되어 있고 아예 시에서 주차를 허용하는 입간판까지 설치되어 있었다.

지방자치단체는 시설을 설치하는 것도 중요하지만 시설을 잘 관리하는 것도 아주 중요하다. 어떤 지방자치단체는 잘 관리하고 있지만 어떤 지방자치단체는 설치만 해 놓고 전혀 관리하지 않는 것 같았다. 도보여행을 하면서 느낀 것은 도로에 있어야 할 것과 없어야 할 것을 분명하게 하는 것이 필요하다는 것이다. 도로 옆에 잡초나 나무를 정리하지 않아 나뭇가지가 자전거도로까지 침범하는 경우가 종종 있다.

걷다가 보니까 도로변에서 복숭아를 판매하는 곳이 있어서 복숭아를 만 원어치 샀다. 쉴 때마다 하나씩 꺼내서 먹었다.

오늘은 페이스 북에 좀 지쳤나보다고 했더니 지인들이 '피곤하면 병원에 들려 수액을 맞아라.', '내일까지 푹 쉬어라.', '군사훈련도 아닌데 욕심내지 마라.', '병원 가는 것 고려할 것이 아니라 필히 들려라.', '너무 혹사시키면 부작용이 있다.'는 응원의 글이 많았다.

오후 1시경 식당 메뉴판에 미역국이 있어 들어갔더니 미역국은 안 된단다. 혼자서 오면 물회나 회덮밥만 가능하다고 했다. 다른 식당을 찾을까 하다가 물회를 주문하고 기다렸더니 물회가 아닌 회비빔밥이 나왔다. 뭐라고 하려다가 어차피 뱃속에 들어가면 똑같은 것을 그냥 먹자고 먹었다. 서비스도 엉망이고 친절이라고는 찾아 볼 수 없었다. 날이 더워 더 머물까 하다가 그냥 일어나 걷다가 나무그늘이 나와 그늘에서 쉬었다.

도보여행에서 발만 중요하다고 생각했는데 어깨도 중요하다. 어깨에 메는 가방만 있는데 어깨가 아프면 짐을 어떻게 할 수가 없었을 것이다. 아픈 어깨위에 땀을 닦는 수건을 접어서 올려놨더니 조금은 괜찮았지만 오랫동안 걸으면 다시 어깨에 통증이 왔다. 오른 손으로 어깨끈을 들고 걸어도 통증은 사라지지 않았다.

오른쪽 어깨에 통증이 느껴져 왼쪽 어깨끈을 줄였더니 이번에는 왼쪽 어깨가 아팠다. 오른쪽 어깨에 수건을 대고 걸었더니 그래도 어깨의 통증은 사라지지 않았다. 어깨에 메는 가방을 끌고 다니는 가방위에 올려놓고 끈으로 묶고 끌었다. 평지는 괜찮은데 고개를 올라갈 때는 바퀴가 잘 구르지 않고, 손이 무거웠다. 특히 오르막길에서는 끌고 가는 가방이 배낭을 어깨에 메고 가는 것 보다 오히려 더 힘들어 다시 가방을 어깨에 멨다.

다음에 도보여행을 하게 되면 조금 큰 바퀴가 달리고 때로는 어깨에 멜 수도 있는 가방을 준비하는 것이 좋을 것 같다. 비포장도로나 계단이 있을 때는 어깨에 메고 일반도로에서는 끌고 가면 어깨도 아프지 않고, 가고 싶은 곳을 자유롭게 갈 수 있어서 좋은 것 같다.

월포 해수욕장에는 포스코나 대기업들이 연수원을 설치했다. 정자가 있는데 아무도 없어서 올라가서 잠시 누워서 쉬었다. 해수욕장이 끝나는 지점에 카페가 하나 있어서 들어가 팥빙수를 하나 시켜먹으며 잠시 쉬었다. 최근에 개업했는지 축하화분이 많이 있었다.

해변도로를 따라 걸었더니 펜션과 민박은 보였지만 모텔은 보이지 않았다. 민박도 모텔보다 가격이 비싸다. 이러다가는 숙소를 잡기 어려울 것 같아서 해안 길로 가다가 31번 국도를 따라 조금 안쪽으로 걸었다. 이미 5만보를 넘게 걸어서 인지 발바닥이 신호를 보내며 그만 걸으라고 한다. 버스승강장에서 잠시 쉬면서 양말을 벗고 발바닥에 파스를 붙였다. 그랬더니 통증이 많이 줄어들었다.

조금 걸어가다 보니 모텔이 2개 보였다. 하나는 무인텔이라서 그냥 지나쳤다. 사람을 만나야 할인을 해 달라고 하는데 무인텔은 사람을 만날 수 없으니까 무인텔은 선택하지 않기로 했다. 모텔에 들어갔더니 4만 원을 달라고 했다. 할인해 달라고 했더니 요즈음 시즌이 시즌이라 할인이 어렵다고 하더니 3만5천 원을 내라고 했다.

저녁을 먹으려고 했더니 주변에 횟집만 보여서 또 물회나 횟밥 중에 하나를 선택하라고 할 것 같아서 그냥 저녁을 먹지 않기로 했다. 가방에 남은 복숭아 2개, 오이 1개, 견과류 등이 있어서 그것으로 때우기로 했다.

오늘 걸음 수는 65,666보(누계 1,811,102보), 이동거리는 49㎞(누계 1,388㎞)이다.

영덕 해변에 설치된 정자에서
배낭을 베개 삼고 누워

33일차 도보여행은 7월 19일 숙소에서 걷고 있는데 일출 모습이 보였다. 10분 정도 걸어 지경천을 건너가니 영덕군 남정면이었다. 경계에 게의 고장답게 상징물로 대게를 상징물로 게 조형물을 만들어 놓았다. 공원이름도 대게공원이라고 되어 있었다. 장사 해수욕장을 지나서 국토종주 동해안 자전거도로를 통해서 걷고 있는데 어제 걷던 포항과는 달리 자전거도로 표시를 파란색 선으로 표시를 했고, 마을 곳곳을 돌아볼 수 있도록 코스를 잡았다.

영덕군에서는 자전거도로를 5일장이나 항구, 해수욕장등을 거

대게공원

쳐서 지나갈 수 있도록 신경을 썼고 관리도 잘하고 있었다. 여행자들이 많은 것을 보면서 갈 수 있도록 코스를 잡았다. 부산에서 영덕까지 오면서 가장 신경을 쓴 것 같다. 대게의 고장답게 장사해수욕장 입구에 설치된 조형물에도 대게가 들어간 조형물이 세워져 있었다.

문을 연 식당이 있어 들어가서 "계세요? 계세요?"하고 불러보아도 대답이 없었다. 그래서 그냥 나와서 걷다보니 기사식당이 보였다. 기사식당은 문을 열었겠다고 생각했으나 가까이 가보니 문을 닫은 식당이었다. 한 참을 가다가 대게식당이긴 하지만 문이 열려 있고 전복죽을 해준다고 해서 들어갔더니 주인 할머니가 물회 밖에 안 된다고 했다. 계속해서 몇 끼를 먹었더니 다른 음식을 먹고 싶다며 전복죽을 해달라고 했더니 전복이 커서 1인분은 안 되고 2인분이어야 가능하다고 했다.

서해안이나 남해안을 걸을 때는 백반집도 많았는데 동해에 오니까 대부분 횟집 아니면 대게집이 많았다. 다른 지역에서는 혼자 들어가면 백반을 먹으라고 하는데 동해에서는 횟밥이나 물회를 먹으라고 한다. 동해를 걷다보니 앞으로도 계속 이런 일이 반복될 것이란 생각이 든다. 물회도 한두 번은 괜찮은데 자꾸 먹으니까 질린다.

나는 어릴 때 고구마를 주식으로 먹었던 때가 있다. 안방 윗목에 고구마가 10가마는 쌓여 있었는데 겨우내 고구마를 먹었다. 어떤 때는 쪄먹기도 하고, 어떤 때는 구워 먹기도 하고, 어떤 때는 밥에 고구마를 깍두기처럼 썰어서 넣기도 했다. 한 끼도 고구마를 먹지 않을 때가 없었다.

아내나 아이들은 고구마가 별미라며 좋아한다. 고구마를 굽거나 찌면 맛있는데 왜 먹지 않느냐며 고구마를 먹으라고 한다. 어릴 때 질려서 그런지 고구마를 먹고 싶지 않다. 동해안을 걷다가 별미인 물회를 싫어하게 될지도 모르겠다.

바다와 멀리 떨어져 있는 도시민들은 동해바다를 보면 좋고, 신기하게 보일지 모른다. 바다만 보더라도 "와! 바다다!" 라고 환호성을 지른다. 하지만 이곳에서 태어나고 이곳에서 자란 사람들에게는 그런 느낌이 없을지 모른다. 신비로운 것도 자주 보면 신비로움을 느낄 수 없는 것처럼 동해바다의 신비로움을 느끼지 못하며 살아갈지도 모른다.

영덕군 해변을 걷다보니 이따금 바닷가에 정자가 나온다. 다른 지역에서는 큰 느티나무 근처에 정자가 있는 것을 봤지만 이곳에는 해변에 정자가 있다. 더운 낮에는 정자를 만나면 정자에서 쉬고 싶지만 시원한 아침에 정자를 만나면 시원할 때는 더 걷자고 하며 그냥 지나칠 때가 있다. 그러다 보니 정자에서 쉬어본 적이 거의 없는 것 같다.

영덕군 해변을 지나다 보면 이따금 정자가 나온다. 노인정 근처에 있는 정자에서 배낭을 베개 삼아 자고 있는데 노인 분들이 오셔서 이야기하는 바람에 깼다. 어떤 노인 분은 83세인데 자녀들은 울산이나 각지에 흩어져 살고 있는데 할머니는 일찍 돌아가시고 혼자서 사신다고 했다. 식사는 어떻게 하시느냐고 했더니 본인이 직접 해서 드신다고 했다. 왜 자녀분들과 살지 않으시느냐고 했더니 애들이 불편해 할 것 같아서 안 가신다고 했다.

우리가 어릴 때는 부모는 당연히 장남이 모셔야 하는 것으로 알았다. 부모도 자녀와 사는 것이 당연한 것으로 여겼다. 그러나 이제는 부모와 자식관계도 눈치를 봐야 하는 시대다. 요즈음은 자식도 부모를 모시려고 하지 않고, 부모도 자식들의 눈치를 보기 싫다며 자식과 살지 않으려고 한다. 자식들을 키우느라고 모든 것을 다 내주고 어렵게 살아가는 노인들을 보면서 미래의 내 모습이라는 생각을 하니 마음이 쓸쓸해진다.

영덕을 지나면서는 눈에 보이는 음식점이 주로 대게관련 음식점뿐이다. 영덕에 대게가 많이 난다고하여 영덕에 게가 많이 나는 곳이라고 생각했더니 대부분 러시아산 대게라고 한다. 하긴 그렇게 많은 대게를 잡는 것이 쉽지 않을 것이다.

길을 걷다가 12시경 되어 가는데 카페에서 세워 놓은 입간판에 특미로 전복죽을 해준다고 되어있어 들어가 "전복죽 되나요?" 물었더니 된다고 했다. 종업원에게 "식사하기 참 힘이 드네요." 했더니 "왜 그러세요?" 했다. 이쪽은 혼자 들어가면 물회나 횟밥 중에 선택하라고 하니까 아침에도, 점심에도, 저녁에도 물회나 횟밥을 먹어야 하니까 이제는 말만 들어도 싫다고 했다. 종업원이 "그래서 들어오시면서 전복죽이 되느냐고 하신 거군요." 했다.

폭염주의보도 내려졌고 날씨도 너무 더워 전복죽을 시켜 먹고, 복숭아 아이스티를 한 잔 시켜 놓고 마시며 태블릿 PC를 꺼내어 오늘 여행내용을 정리하는 시간을 가졌다. 한 동안 쉬다가 다시 걷기 시작했다.

혹 있다가 저녁에도 어제처럼 물회나 횟밥을 선택해야 한다면 컵라면을 먹으려고 편의점에서 하나 구입하여 끌고 다니는 가방에 넣었다.

지나가다가 평상에 할머니 두 분이 앉아 계셔서 가서 앉았다. 평상에서 잠시 쉬려고 앉으면서 할머니에게 "이 동네 살기 좋아요?"라고 물었더니 "좋아요." 했다. "무엇이 좋은 데요?" 물었더니 "사람이 좋아요." 했다. 바닷가에 사는 사람들이 서로 의지하면서 사는 것에 익숙해지니까 좋다고 하셨다.

언덕을 올라 영덕해맞이 공원에 올랐다. 전망대도 대게가 들어간 조형물이었다. 지역특산물을 홍보하기 위해서 각종시설물을 설치하면서 대게가 들어가도록 한 모양이다. 영덕해맞이 공원을 지나 울진을 행해서 걸었다. 오후 3시가 넘으니까 산이 그늘을 만들어 걷기에 좋았다. 영덕해맞이 공원도 언덕위에 있는데 큰 고개를 3개나 넘어야 했다. 고개가 많아 끌고 다니는 가방이 있으니까 힘이 들었다.

어느 펜션 입구에 그늘이 있어 바닥에 털 푸덕 주저앉아 쉬고 있으니까 승용차를 끌고 나온 여성이 "여행하시나 봐요?" 해서 "도보여행하고 있습니다." 했더니 어디서 출발했느냐고 했다. "경기도 시흥에서 출발하여 서해안, 남해안을 거쳐 동해로 올라가고 있습니다." 했더니 대단하다고 했다.

영덕군 축산면에서는 도로변 가로수를 무궁화로 식재했다. 무궁화가 우리나라 꽃인데 지방자치단체별로 무궁화거리 하나는 있어야 하지 않을까 하는 생각이 든다. 축산면 소재지에는 모텔이 없어 다음 면소재인 영해면까지 걸었다. 영해면소재지에 도착했으나 모텔이 보이지 않았다. 면소재지 제일 끝 버스터미널 근처에 모텔이 있었다. 숙소에 짐을 넣어 놓고 근처에서 황태해장국을 먹고 숙소로 돌아왔다.

모텔을 찾다가 다른 날보다 많이 걸었다. 발바닥에 통증이 느껴져 마트에서 파스를 하나 사서 모텔로 돌아와 샤워를 하고 발바닥에 붙였다. 오늘 걸음 수는 70,435보(누계 1,881,537보), 이동거리는 52㎞(누계 1,440㎞)이다.

도보여행 34일 만에
처음 만난 도보 여행자가 고등학교 후배

34일차 도보여행은 7월 20일 5시에 영해면 숙소에서 나와 이른 시간이었지만 영덕에서 출발하기 전에 아침식사를 하고 출발하는 것이 좋을 것 같아 문을 연 식당을 찾았다. 한참 만에 문을 연 식당이 있어서 들어갔더니 아직 국을 준비하지 못해 6시 반부터 식사가 가능하다고 했다. 국은 없어도 되니까 대충 되는대로 달라고 하고 자리에 앉았다. 그랬더니 차려준 상이 너무 형편없었지만 내가 자처한 일이니 어쩌겠나. 식사를 마치고 조금 진행하니까 24시 뼈 해장국집이 보였다. 조금만 더 이동할 걸 그랬네 하는 생각이 들었다.

길을 걷다보니 복숭아와 자두를 파는 가게가 있어서 자두 만원어치, 복숭아 5천 원어치를 사서 끌고 다니는 가방에 넣었다. 쉴 때마다 꺼내서 먹었다. 쉬는 시간에 먹으니까 간식거리도 되고 아주 좋았다.

고래블 해수욕장 근처 정자에서 조금 쉬다가 진행했다. 김명순 과장이 페이스 북을 잘 읽고 있다며 건강을 잘 챙기라고 전화했다. 그리고 여행이 끝나면 박주하 동장과 함께 저녁을 먹자고 했다. 전화를 끊자마자 이창규 전 주민자치위원장이 전화했다. 발에는 물집이 생기지 않았느냐, 힘들지 않느냐는 등 궁금한 것이 많았다.

후포해수욕장 인근 솔밭에 있는 정자에는 아무도 없어서 배낭을 베개 삼아 30분 정도 누워있었다. 바람이 솔솔 불어오고 정말 시원했다. 그냥 누워서 자고 싶었다. 하지만 아직 더운 시간대가 아니니까 일어나서 진행했다.

도보여행하며 만난 백암고등학교 후배

조금 걸어가다 보니까 건너편 도로에 젊은 학생 4명이 배낭을 메고 걸어가고 있었다. 그래서 학생들을 불렀다. 학생들은 강릉에서 부산까지 여행을 하고 있다고 했다. 목에 두른 수건에 '용인'이라고 쓰여 있어서 용인하고 무슨 인연이 있느냐고 했더니 용인에 사는 학생들이라고 했다. 2명이 백암고등학교를 졸업했다고 했다. 그래서 내 고향이 용인이고 백암고등학교 11회 졸업생이라고 했더니 한 학생이 "그럼 선배님이시네요!" 했다.

한 학생은 용천리 상리에 산다고 하여 내 친구의 이름을 대며 아느냐고 했더니 안다고 했다. 도보여행 34일 만에 처음 만난 도보여행자가 고향에 사는 후배 학생들이라 반가웠다. 나는 남쪽에서 북쪽으로 올라가고 있는 중이고 학생들은 강릉에서 부산으로 내려가는 중이라 길게 이야기를 나누지 못하고 기념사진만 한 장 찍었다.

학생들은 하루에 20㎞ 정도 진행할 계획이라고 했다. 내게 하루에 얼마나 걷느냐고 해서 많이 걸을 때는 60㎞를 넘게 걸을 때도 있고, 보통 40㎞는 걷는다고 하니까 학생들이 깜짝 놀랐다. 진행하는 방향이 같았으면 더 이야기를 나눌 수도 있었을 텐데 아쉬웠다.

조금 더 진행하다가 이번에는 학생 3명이 배낭을 메고 걸어가고 있는 것이 보여 불렀다. 대구에 사는 학생들인데 방학을 이용하여 포항에서 강릉까지 무전여행 중이라고 했다. 밥을 어떻게 해결하

도보여행하며 만난 학생들과 도로 밖에서 맥주 한 잔

느냐고 물었더니 식당일을 도와주고 밥을 얻어먹는다고 했다. 아버지가 관광버스 기사로 일을 하시는데 아버지가 알려준 식당에 가서 주로 일을 한다고 했다.

하루에 이동목표는 30㎞ 정도인데 한 번 쉴 때 한참을 쉬어 목표를 채우지 못할 때도 있다고 한다. 그럴 때는 지나가는 차를 공짜로 얻어 탄다고 했다. 그래도 무전여행인데 걸어야 맛이 아니냐고 했더니 공짜로 타니까 그것도 무전여행이 아니냐고 했다.

지나가다가 구멍가게가 있어 맥주 4캔과 과자 1봉지를 샀다. 마땅히 쉴 장소가 없어 그늘진 길바닥에 앉아서 맥주를 마시며 얘

기를 했다. 그리고 기념사진도 남겼다. 가다가 정자가 있는데 노인 한 분이 계셔서 "저희도 좀 쉬다 가겠습니다." 했더니 신발을 벗고 올라오라고 했다 이야기를 나누다 보니 동네 이장님이셨다.

민박이 얼마냐고 했더니 동네서 지은 건물에서 자는데 하루에 10만 원인데 민박은 20만 원 이상이라고 했다. 하루 이틀은 몰라도 나 같이 장기 여행을 하는 사람이 민박을 이용하는 것은 적당하지 않다는 생각이 들었다. 학생들은 여행을 하면서 함께 잠자는 시간이 가장 좋았다고 했다.

학생들이 내 뒤에 따라오면서 "아저씨 걸음이 너무 빨라 우리가 도저히 못 쫓아가겠어요. 먼저 가세요." 했다. 학생들의 걸음이 너무 느려 거기에 보조를 맞춰가다가는 얼마 가지 못할 것 같아서 내가 먼저 앞질러 갔다.

진행하다 보니 '월송정'이라고 보여 관람을 하고 가고 싶은데 얼마나 먼지 몰라 어떤 할머니에게 물어 봤더니 10분 정도 걸어가면 되니까 걸어가 보라고 했다. 들어가면서 보니까 소나무가 아주 잘 가꾸어져 있었다. 월송정은 관동팔경 중에 제 1경이라고 한다. 월송정에 올라가 내려다보니 바다가 보였다. 이 근처에 살면 운동을 할 겸 매일 산책을 해도 좋을 듯싶다.

울진에 와서 먼저 김치찌개로 저녁을 먹고 모텔을 찾아갔더니 5만 원을 달라고 했다. 할인해 달라고 했더니 "우리는 정찰제로 받습니다." 해서 나와 근처 다른 모텔로 갔더니 4만 원을 달라고 하여 34일째 도보여행을 하고 있다고 했더니 3만5천 원을 내라고 했다. 주인 할머니가 "옷도 빨아야겠네. 샤워를 하고 빨랫감을 모두 가지고 내려오세요." 했다. 이때까지 34일째 여행을 하면서 빨래를 해주겠다는 사람은 처음이었다.

방에 짐을 내려놓고 빨랫감을 가지고 내려갔더니 보일러실에 있는 세탁기에 빨래를 넣어 돌리고 1시간 있다가 내려와서 꺼내서 널라고 했다. 1시간 있다가 내려가서 빨래를 널고 페이스 북에 '34일차 도보여행을 마칩니다.' 글을 올리고 여행기록을 정리하는 시간을 가졌다. 식사를 할 때나 모텔에 들어갔을 때 몇 차례 거절당한 뒤에 좋은 사람을 만났다. 오늘도 이때까지 이용한 모텔에서는 처음으로 세탁기로 빨래를 빨아줬다.

오늘 걸음 수는 58,946보(누계 1,940,483보), 이동거리는 44㎞(누계 1,482㎞)이다.

도보여행을 시작한 지 35일 만에 강원도 땅을 밟았다

　35일차 도보여행은 7월 21일 5시 숙소에서 나와 아침식사를 하고 출발하는 것이 좋을 것 같아서 먼저 문을 연 식당을 찾았다. '아침식사 됩니다.'라는 광고를 하고 있어 문을 열었는데 막상 들어가면 "6시 30분부터 식사가 가능합니다."라고 말한다. 하지만 내가 5시에 일어나 5시 20분경 식사를 하려고 하니까 24시간 영업하는 식당에서나 가능하지 아침식사를 한다고 하는 식당도 그렇게 빨리 식사가 가능하지는 않을지 모른다.

　문을 연 식당 몇 군데 더 들렸지만 모두 식사가 불가능하다고 하여 24시 마트에 들어가 컵라면을 하나 사먹고 출발했다. 오늘도 날씨가 너무 더웠다. 더울 때는 망이 달린 모자만 벗어도 시원하다. 버스승강장이나 정자가 있을 때는 그늘이 있어 모자를 벗고 쉴 수 있지만 그렇지 않은 경우에는 햇볕 때문에 그냥 모자를 쓰고 쉬어야 한다.

　모자를 벗으면 너무 햇볕이 강해서 머리가 뜨겁고, 얼굴이 금방 탄다. 썬 크림을 발라도 땀이 워낙 많이 나니까 소용이 없다. 잠깐 걷는 것은 모르지만 오랫동안 걷기 위해서는 기온이 높아 땀이 많이 나지만 망이 달린 모자를 쓰고 마스크를 쓰고 걸어야 한다. 그래서 삼복더위에 걷는 것이 쉽지 않다.

한 참 지나다가 꼴장이라는 마을에 정자가 보여 정자에 누워서 쉬고 있는데 할머니가 오셨다. 할머니와 얘기를 하면서 여기는 민박 요금이 얼마냐고 했더니 혼자서 자는 사람에게는 2~3만원을 받는다고 했다. 할머니가 찐 옥수수가 있다며 2개를 주셨다. 그래서 내가 끌고 다니는 가방에 있는 자두를 드렸다. 할머니와 헤어져 조금 진행하니까 복국을 하는 집이 있어서 들어가 아침식사를 했다.

7번 국도를 타고 걸으면 편한데 구도로를 타고 가다보니 길고 높은 고개를 여러 개 올라가야 했다. 경상북도 울진군과 강원도 삼척시 경계가 있는 산꼭대기까지 올라가야 했다. 끌고 가는 가방을 끌고 올라가는 것이 힘들었다. 날씨가 너무 더워 중간에 3번이나 쉬어서야 겨우 올라갈 수 있었다. 가방을 끌고 올라가는데 땀이 비오듯 흘러내린다. 땀이 흘러내리면 장갑을 낀 손으로 훔쳐 내린다. 그러다보니 장갑은 항상 젖어 있는 상태다.

도보여행을 시작한지 35일 만에 강원도 땅에 접어든 것이다. 당초 여행기간이 4개월이 걸릴 것이라고 예상했는데 예정보다 훨씬 빨리 이동하고 있는 것이다. 강원도 경계를 지나 한참을 지나서야 모텔이 있는 원덕에 도착했다. 모텔에 들어가기 전에 저녁식사부터 했다. 김치찌개를 먹으려고 했더니 된장찌개를 먹으라고 했다.

모텔에 도착하여 얼마냐고 물었더니 4만 원을 내라고 하여 35일 동안 도보여행을 하고 있다고 했더니 3만 원만 내라고 했다. 오늘 걸음 수는 64,965보(누계 2,005,448보), 이동거리는 48km(누계 1,530㎞)이다.

오늘도 여행 중에 박명기 동장과 이상근 팀장이 격려전화를 줬다.

지난해 여름휴가 때 탔었던
삼척 레일바이크 옆을 지나서

36일차 도보여행은 7월 22일 5시에 숙소에서 나와 바로 임원 재를 올라야 했다. 끄는 가방을 끌고 고개를 올라가려고 하니까 힘이 들었다. 임원재 고개를 오르며 해신당공원에 들렸다가 가려고 하다가 조금이라도 덜 더울 때 더 걷자며 그냥 지나쳤다. 끌고 다니는 가방이 있어 고개를 오르는 것이 힘들어 고개를 오르지 않으려고 국도를 타고 가려고 했더니 국도는 자동차전용도로로 보행자 통행이 불가하여 갈 수가 없었다.

장호에 도착하여 소머리국밥을 먹고 나오니까 이슬비가 내리고 있었다. 햇빛이 나는 것 보다 이슬비가 내리는 것이 걷기에는 더 좋다. 식당을 나와 다시 고개를 올라가는데 정상부근에 정자가 하나 있어 정자에서 쉬었다 가야겠다고 마음을 먹었다.

정자에 가까이 가니까 한 남자가 있었다. 나를 보더니 여행을 하시느냐고 했다. 경기도 시흥에서 서해, 남해를 거쳐 동해를 따라 올라가고 있다고 했다. "이때까지 여행자를 많이 보아왔는데 배낭을 메고 가는 사람도 보았고, 자전거를 타고 가는 사람도 보았고, 오토바이를 타고 가는 사람도 봤는데 배낭도 메고 끌고 가는 사람은 처음 봅니다." 했다.

"고성에서 부산까지 걸어가는 사람도 봤고, 부산에서 고성까지 가는 사람도 봤지만 서해, 남해, 동해를 걷는 사람은 처음입니다." 했다. "나이가 있으신 것 같은데 이런 도전을 한다는 것은 정말 대단한 일입니다." 했다. 내 나이가 60세라고 하니까 자기보다 연배라고 했다. 60세 되신 분이 도보여행을 하시는 것은 대단한 일이라고 했다.

그 남자는 고개 밑에서 '용화바다 펜션'을 운영하는 사람이라고 했다. 펜션 사용료를 물었더니 시즌(해수욕장이 개장하는 시기)에는 4인용은 10만 원, 단체는 20만 원을 받고 있다고 했다. 나중에 여행을 할 때가 있으면 들리겠다고 하고 전화번호를 주고받았다.

도보여행하며 만난 남녀

고개를 넘어서 내려오니까 지난해 여름에 영섭이와 여행을 할 때 타봤던 삼척 레일바이크가 바로 길옆에 있었다. 레일 바이크를 보니까 지난해에 놀러왔던 생각이 났다. 빗발이 조금 굵어져 우산을 쓰고 걸었다.

삼척시 근덕면 동막 마을을 지나는데 젊은 남녀가 배낭을 메고 걸어가고 있어서 어디에서 왔냐고 했더니 서울에 살고 있는데 고성까지 가서 고성에서부터 부산까지 걷고 있다고 했다. 고성에서 여기까지 오는데 1주일이 걸렸다고 했다. 서로 여행을 잘 마치라며 인사를 하고 헤어졌다.

11시 45분 경 동막에서 식당을 만났다. 김치찌개를 시켰더니 밥을 2공기 가져왔다. 왜 밥을 2공기나 가져오느냐고 했더니 많이 걸으시니까 많이 드셔야 한다며 밥을 한 공기 더 드리는 것이라고 했다. 하지만 1공기만 먹었다. 비가 내리니까 12시가 되어도 덥지 않아서 걷기 좋았다.

맹방해수욕장 해변은 길이가 상당히 길지만 파도의 높이가 높아서인지 수영금지라는 팻말이 여기저기 보였다. 해변에서 수영을 즐기는 사람보다 육지에 설치해 놓은 에어바운스 물놀이장에서 물놀이 하는 아이들만 많이 보였다.

오늘 걸으며 임원재. 사리재, 한재 3개의 고개를 넘었는데 끌고 다니는 가방이 있으니까 고개를 오를 때는 많이 힘들었다. 동해에 도착하여 모텔에 들어가기 전에 음식점에 들어가 육개장을 먹고 모텔에 들어왔더니 5만원을 내라고 했다. 도보여행자라며 할인을 해달라고 해도 할인을 해주지 않아 그냥 들어왔다.

샤워를 하고 페이스 북에 '36일차 도보여행을 마칩니다.'를 게시하고 휴대폰 요금 등을 자동이체 통장으로 이체시켰다. 고향 친구 마순옥이가 발칸반도로 여행을 한다며 통신상태가 어떨지 몰라 앞으로 격려의 댓글을 달지 못할지 모르겠다고 하더니 저녁에 보니까 댓글이 달려 있었다. 내가 도보여행을 하면서 매일 댓글로 응원해주었는데 정말 고마웠다.

 동해시 부곡동과 정왕3동 주민자치위원회가 자매결연 맺어 동해시에 도착하면 방문하겠다며 이동준 주민자치위원방이 전화를 해달라고 하여 어제 전화를 했더니 오늘 동주민센터에 여름 프로그램인 에어바운스 물놀이 시설이 들어오기로 되어 있어 오늘 위문을 오기로 했던 이동준 주민자치위원장을 비롯한 단체장들이 못 온다고 전화가 왔다.

 동네 친구들도 이번 주 토요일에 왔다가 함께 1박하고 일요일에 가기로 했었는데 기수에게서 전화가 왔다. 다른 친구들이 시간이 안 된다고 해서 못 가게 될 것이라고 했다. 혼자서 가기는 뭐해서 못 가게 될 것 같다고 했다.

 멀리에서 걷고 있는 도보 여행자를 직접 찾아가서 위문한다는 것은 쉽지 않은 일이다. 나도 이때까지 누구 위문 갔었던 적이 없었던 것 같다. 죄를 지지도 않고 억울하게 수감 생활하는 동료직원도 찾아가지 못한 것 같다. 이번 도보여행을 하면서 현재까지 14번이나 격려를 해주겠다고 멀리까지 위문을 온 지인들은 보통의 정성이 아니라는 것을 알게 되었다. 앞으로 살아가며 빚도 갚고 나도 할 수 있으면 친구나 지인을 위문할 때가 있으면 찾아가서 격려를 해 줄 생각이다.

 이번 도보여행을 통해서 참 많은 것을 배우는 것 같다. 전화 한 통화 보다, 문자 1개 보다, 직접 찾아가 격려해주는 것이 훨씬 큰 힘이 된다는 것을 알았다. 오랫동안 만나지 못한 지인을 찾아가 만나기로 하고 몇 년이 지나버렸다. 이번 도보여행을 마치고 바로 찾아벨 생각이다.

오늘 걸음 수는 68,623보(누계 2,074,071보). 이동거리는 51km(누계 1,581km)이다. 오늘은 비가 내리니까 앉아서 쉴 수 있는 공간이 없고, 날씨도 햇빛이 날 때 보다 덜 더워서 평소보다 더 많이 걸었던 것 같다.

도보여행 중
40년 만에 만난 여자 동창

　　37일차 도보여행은 7월 23일 숙소에서 나올 때는 안개비가 내리더니 동해역 부근에서 한식 뷔페를 먹고 나오니까 빗방울이 굵어졌다. 동해역 화장실에서 양치를 하고 출발할까 비가 그치기를 기다릴까 고민했다. 정자에는 고성으로 자전거로 이동하는 학생들이 비가 그치기를 기다리고 있었으나 비가 쉽게 그치지 않을 것 같다. 먼저 출발하겠다고 인사하고 출발했다.

　　오다가 집사람에게 전화를 했더니 수민이가 전화를 받았다. 엄마는 교회를 간 모양이란다. 비가 가느라졌다가 굵어졌다가를 반복했다. 우산을 썼다 안 썼다가를 반복했다. 아침에 고등학교 때 같은 반이었던 김효수에게 전화를 했더니 받지 않더니 걷고 있는데 전화가 왔다. 강릉에 몇 시쯤 도착할 것 같으냐고 하여 저녁 무렵에나 도착할 것이라고 했더니 저녁을 먹지 말고 오라고 했다.

　　더 걸어서 묵호항 근처에 오니까 빗줄기도 굵어지고 내리는 비의 양도 많아졌다. 마침 문을 연 카페가 보여 아메리카노 한 잔을 시켜 놓고 바다가 보이는 옥외에 자리를 잡고 한 잔 마시고 태블릿 PC를 꺼내어 여행기록을 정리하는 시간을 가졌다. 일기예보에는 오전 내내 비가 내린다고 되어 있었다. 쉽게 그칠 비가 아니다.

35일 동안 도보여행을 하면서 비 때문에 여행에 차질이 생겼던 일은 처음이다. 발바닥이 아파서 발바닥에게 휴식을 주려고 그러는 모양이다. 바다를 바라보며 여행기록을 정리하고 잠시 생각할 수 있는 시간을 갖게 되어 좋다.

버스를 타고 강릉에 도착하여 가까운 나눔교회에 가서 예배를 드렸다. 설교시간에 《대지》를 써서 노벨문학상을 수상한 펄벅 여사가 우리나라를 방문하여 경주를 여행하고 있을 때 농부가 소달구지를 끌고 가면서 자기도 지게에 무거운 짐을 지고 가는 것을 보고 "짐을 달구지에 싣고 가지 왜 지게에 지고 가십니까?" 물었더니 농부가 "나도 하루 종일 일을 했지만 소도 하루 종일 일을 했으니까 나누어지고 가는 것입니다."라고 했단다. 펄벅은 이 장면을 보고 한국여행을 하면서 세상에서 가장 아름다운 모습을 봤다고 했다고 한다.

내가 고등학교를 졸업하고 농사를 지을 때 소가 끄는 쟁기로 논을 갈면서 소가 내 말을 듣지 않는다고 때린 적이 있다. 나중에 알고 보니 소는 오랫동안 일을 해 와서 갈 길을 알고 갈 길에 가서 서 있었던 것인데 일을 배우는 내가 아무것도 모르면서 소가 잘못했다며 소를 때렸던 것이다. 그 소가 새끼를 세 마리나 낳아 어려운 가계에 많은 보탬을 줬다. 군에 입대하면서 팔려고 시장으로 끌고 가는데 소가 눈물을 흘렸다. 내가 때리고 힘들게 했지만 정이 들었던 모양이다.

소도 말은 하지 못하더라도 주인을 알고, 자기를 팔러가는 것을 아는 모양이다. 전에는 소가 농사일을 하는데 없어서는 안 되는 재산목록 1호였다. 소는 논을 갈고, 밭을 갈고, 짐을 나르는데 없어서는 안 되는 아주 중요한 가축이었다. 설교를 들으며 내가 농사지을 때 기르던 소가 생각났다.

교회에서 예배를 드리고 있는데 휴대폰으로 문자메시지가 계속 들어왔다. 신천, 대야, 은행동 지역에 기습 폭우가 내려져 전 직원 비상이 걸린 모양이다. 시간당 100mm 이상의 비가 내려 지하주택이 침수되고 도로가 침수되고 난리가 났다고 한다.

도보여행지에서 40년만에 만난 여자동창

예배가 끝나고 고등학교를 졸업하고 김효수를 40년 만에 처음 만났다. 김효수는 학교 선생님과 결혼하여 주문진에서 30년을 살다가 얼마 전 강릉으로 이사를 했다고 한다. 남편은 5년 전에 정년퇴직하였고 현재 대학에 강의를 나가고 있다고 했다. 남편이 정년퇴직을 하고 2개월 동안은 무척 힘들었다고 했다. 내게도 "아마 너도 이제 직장을 나가지 않으면 아내가 많이 힘들어 할지 모르니까 지혜롭게 보내라."라고 했다.

박이추 커피공장 앞에서 여자동창과 함께

주문진으로 이동하여 자연산 도다리회로

점심식사를 하고 자리를 이동하여 강릉 커피1호점인 '박이추 커피공장'에 갔더니 자리가 꽉 차 번호표를 받고 30분 이상 기다려야 커피를 마실 수 있었다. 커피를 마시며 지난 얘기를 하다가 시간가는 줄도 모르고 집사람에게서 전화를 받고 나서야 아내가 기다린다는 것을 알게 되었다. 박이추에서 나와 시외버스터미널로 이동하여 집사람을 만났다.

집사람을 만나 맛난 음식을 먹으려고 했으나 시외버스터미널 근처에는 맛 집이 없어서 청국장을 먹고 모텔로 이동했다. 요금은 3만5천 원을 내라고 했다. 방에 와서 페이스 북에 '37일차 도보여행을 마칩니다.'를 게시하고 여행기록을 정리하는 시간을 가졌다.

오늘 걸음 수는 23,841보(누계 2,097,912보). 이동거리는 18km(1,599km)이다. 오늘은 작은 딸 정민이가 아빠가 여행을 잘 하고 있는지 안부를 물어왔다. 도보여행을 시작하며 가족이 서로 어디에 있는지 알 수 있는 앱을 설치했다. 그래서 정민이가 매일 아빠가 어디에 있는지 보고 있다고 했다.

부산까지 직접 찾아와 격려를 해줬던 박주하 동장도 어디까지 가고 있는지, 건강에는 이상이 없는지 격려전화를 했다.

아내와 경포호를 산책하고
짬뽕순두부를 먹었다

38일차 도보여행은 7월 24일 아내가 내려와 평소보다 늦은 7시로 모닝콜을 맞춰놨지만 일찍 일어나는 것이 습관이 되어 모닝콜이 울리기 전에 일어나 준비를 하고 7시에 숙소에서 나와 택시를 타고 경포호수로 이동했다. 이슬비가 내렸지만 나는 우산을 쓰지 않고 아내는 우산을 쓰고 호수 둘레를 산책했다.

경포호 둘레에는 시비, 각종 조각 작품, 홍길동전 캐릭터 등의 작품들이 전시되어 있어 조각 작품을 감상하며 호수주변을 걷는

경포호에서
아내와 함께

것이 재미있고 좋았다. 무엇보다 아내가 좋아하는 모습을 보니까 좋았다. 이른 아침에 아내와 경포호를 걸으니까 좋았다.

어제 고등학교 동창 김효수가 강릉초당마을에 가면 동화가든 이나 차현희 순두부에서 짬뽕순두부를 먹으라고 했다. 아침 일찍 문을 열지 않을 것 같아서 아내에

게 해장국을 먹고 가자고 했더니 거기 가서 먹자고 했다. 동화가
든에 도착해 보니까 이미 많은 사람들이 식사를 하고 있었다. 아
침 7시 30분부터 식사가 가능하다고 했다.

유명하기는 한 모양이다. 우리가 들어가
서 조금 있으니까 큰 식당이 꽉 찼다. 원조짬
순(짬뽕순두부)를 시켰다. 가격은 1인분이 9천
원인데 맛이 좋았다. 식당 입구에서 아내와
기념사진을 촬영했다.

아내와 동화가든 앞에서

식사를 마치고 참소리 축음기 소리박물관
관람을 하려고 했더니 집사람이 하지 않겠다
고 하여 택시를 타고 시외버스터미널까지 태
워주고 걷기 다시 걷기 시작했다. 7번 국도
를 따라 가다가 다리 부근에서 구길로 가지 않고 다리로 올라갔더
니 차도 옆에 공간이 좁아 위험했다. 하지만 다리부근만 위험하지
다른 부분은 차도 옆 공간이 넓어 더 좋았다.

걷고 있는데 김효수에게서 전화가 왔다. 일정은 시작했는지 물
었다. 내가 먼저 전화를 했어야 했는데 미안 했다. 오후 3시경 주
문진에 도착하여 김밥집에서 오징어 덮밥을 시켜 놓고 효수에게
어제 찍었던 사진을 카톡으로 보냈다.

도보여행을 하면서 도로바닥에서 인증센터라는 글씨를 많이 봤
는데 뭔지 확인해 보고 싶어 확인해 보니 국가종주 자전거도로 곳

곳에 공중전화박스 같은 곳에 도장을 찍는 곳을 만들어 놓았다. 국토종주, 4대강종주, 한강종주, 남한강종주, 새재종주, 낙동강종주 등 전국에 자전거 종주도로가 많이 있다. 종주도로별로 인증센터에 비치된 도장을 다 찍어오면 종주인증서를 주는 모양이다.

양양군청 소재지가 있는 곳은 아니더라도 양양 땅을 밟았으니까 내일은 최소한 속초까지는 가야 한다. 날씨가 무더워 지는데 더 이상 시간을 끄는 것은 아니라는 생각이 든다. 모텔에 들어와 가격을 물었더니 5만 원을 내라고 했고, 할인도 못해주겠다고 했다. 시즌이 시즌이다 보니 할인받기가 어려워 그냥 자기로 했다.

방에 짐을 넣고는 인근 남애항 근처 식당에서 곰치국을 먹으려고 했더니 2인 이상만 가능하다고 하더니 해주겠다고 하여 먹고 방으로 와서 씻고 페이스 북에 '38일차 도보여행을 마칩니다.'를 올리고 여행기록을 정리했다.

오늘 걸음 수는 56,621보(누계 2,154,503보), 이동거리는 42㎞(누계 1,641㎞)이다. 아내와 경포호를 산책하고 아내를 배웅하며 조금 늦게 출발했지만 구름이 끼고 햇빛이 나지 않고, 바람이 살살 불고, 어제 비가 와서 그런지 덥지 않아 걷기에는 좋았다.

도보 여행자는
이슬비를 맞으며 걸을 때가 좋다

39일차 도보여행은 7월 25일 5시에 양양 남애항 숙소에서 나와 남애항에 문을 연 식당을 찾아 들어갔다. 조금이라도 덜 더울 때 걸을 수 있게 식사를 빨리 줬으면 좋겠는데 한 참을 기다려도 나오지 않아 빨리 달라고 하려다가 나올 때까지 기다렸다. 30분을 기다려서야 백반이 나와 먹고 나왔다.

밖에 나왔더니 이슬비가 내리고 있었다. 망설이지 않고 출발했다. 이슬비는 시원해서 걷는데 아주 좋다. 조금 걷는데 빗줄기가 굵어져 우비를 입고 우산도 쓰고 걸었다. 우비를 입으면 더운데 모자라도 벗으면 시원하니까 모자를 벗고 우산을 썼다. 2시간 정도 진행하니까 비는 그쳤지만 우비를 말리려고 우비가 마를 때까지 쓰고 걸었다. 우비가 말랐을 때 우비를 벗어 접어서 가방에 넣었다.

비가 그쳤나보다 생각했는데 다시 비가 오고, 햇빛이 난다고 생각했더니 또 비가 내렸다. 비가 왔다 햇빛이 비취기를 반복했다. 구도로에는 버스승강장이 있는데 자전거도로나 국도에는 버스승강장이 없다. 비가 안 왔으면 아무데나 앉아서 쉴 수 있는데 비가 오면 땅이 젖어있어 앉을 수 없으니까 많이 걸을 수밖에 없다. 국도변에는 음식점도 없었다. 길가에서 옥수수와 감자떡을 판매하는 아주머니에게 감자떡 1접시 3천원, 옥수수 3개 3천원을 주고 사서 점심으로 대신했다.

국토종주 동해안 자전거도로 표시는 파란색으로 선을 그어 놓고 이따금 이정표를 세워놨는데 자전거도로 표시가 제대로 되어 있지 않아 자전거 도로를 잃었다. 자전거도로 표시가 제대로 되어 있지 않으니까 국도를 이용해서 걷는 것이 편하다. 그래서 국도를 이용해서 걸을 때가 있다.

오후 4시반 경 속초로 넘어가는 다리를 건너기 전에 안동국밥집이 보여 들어가서 국밥을 1그릇 시켜 먹었다. 순한 맛으로 해달라고 했는데도 매웠다. 다리를 건너가니 설악해변을 지나 대포항 주변에 이르니까 모텔이 여러 개 보였지만 조금 이른 시간이라서 더 진행하다가 자기로 하고 계속 전진했다. 고개를 넘어가니 모텔이 몇 개보였다.

한 모텔에 위생최우수 등급을 받았다고 현수막이 걸려 있는 아이리스 모텔로 들어갔다. 혼자 왔다고 했더니 현금으로 4만 원만 내라고 하여 현금으로 내고 방으로 올라갔다. 방에 들어가 옷을 빨아 말리고 페이스 북에 '39일차 도보여행을 마칩니다.'를 올리고 여행기록을 정리하는 시간을 가졌다.

오늘 걸음 수는 64,856보(누계 2,219,389보), 이동거리는 48㎞(누계

1689㎞)이다. 더 진행하고 싶었지만 웬일인지 오늘은 많이 걷지 않
았는데 발바닥이 그만 가라는 신호를 보내서 더 이상 진행 할 수
도 없었다.

11 ▥▥ 도보 여행자는 이슬비를 맞으며 걸을 때가 좋다

아침 식사를 서비스로 제공한 신선옥, 이근우 대표

40일차 도보여행은 7월 26일 속초 숙소에서 나와 고성방향으로 진행했다. 가다가 보니 '속초 먹거리 거리'라고 되어 있어 저 곳에 가면 아침식사를 할 수 있을 것이라고 생각했다. 그런데 먹거리 거리를 아무리 돌아봐도 문을 연 식당을 찾을 수가 없었다.

신촌옥 이근우 대표와 함께

먹거리 거리를 나와 고성방향으로 걸으며 문을 연 식당이 있는지 살피면서 걸었다. 길 건너편에 있는 신촌옥이라는 식당이 보여 들어갔다. 문은 열려 있었고 안에 사람소리는 나는데 "계세요. 계세요."불러도 대답이 없었다. 조금 있으니까 직원이 나와서 황태해장국을 시켰다. 식당 주인인 이근우 대표가 도보여행에 대해서 자세하게 물었다. 경기 시흥에서 출발하여 서해, 남해를 거쳐 동해로 올라가고 있다고 하니까 "정말 대단한 일입니다. 오늘 아침은 제가 서비스로 제공하겠습니다!" 했다.

계산대 앞에서 이근우 대표와 기념사진을 촬영했다. 그리고는 식당을 나와 걸어가고 있는데 이근우 대표가 쫓아와 연락처를 알려달라고 하여 갖고 있던 명함을 한 장 꺼내주었다. 속초 먹거리 거리에서 문을 연 음식점을 만나지 못한 것이 좋은 사람을 만나게 하려고 그런 모양이다. 나중에 도보여행을 마치고 책을 만들면 한 권 보내줘야겠다.

전에 장애인복지관 봉사활동을 할 때 장애아동과 모 식당에서 식사를 마치고 식대를 계산하려고 했더니 어떤 사람이 자기는 봉사활동에는 참여하지 못하니까 대신 음식비를 지급하겠다며 지급하고 갔다고 했던 적이 있다. 누구인지도 밝히지 말라고 했다고 하는 얘기를 들은 적이 있다.

진행하다가 청간정이 보여 관람을 했다. 고성8경중에 하나인 청간정에 올라갔더니 바다가 내려다보이고 경치가 정말 아름다웠다. 무더운 여름이지만 바람이 솔솔 불어와 정말 시원했다. 쉬면서 청간정 매점에서 구입한 옥수수 한 자루를 꺼내 먹었다.

속초부터 쭉 국도를 타고 걸어왔는데 자전거도로를 이용해 걸으려고 하는데 상황이 어떤지를 알아봐야 할 것 같아서 자전거를 타고 온 사람에게 길 상태가 어떤지를 물어 봤더니 계단이 많다고 했다. 끌고 다니는 가방이 있는데 계단이 많으면 진행하기가 힘들 것 같아서 그냥 국도를 이용해서 걸었다.

식당을 만나지 못할 때 먹으려고 훈제계란 4개와 빵을 샀는데

다 먹었는데 12시 30분경 송암리에서 백반 집이 보였다. 빵을 먹었지만 식당에 들어가 김치찌개를 시켜 먹었다. 어제와는 달리 햇볕이 내리쬐니까 너무 더웠다.

거진에 도착하여 모텔을 찾아 들어갔더니 5만 원을 내라고 했다. 할인을 해달라고 해도 시즌이라며 할인을 해주지 못하겠다고 하여 그냥 나왔다. 어차피 대진방향으로 가야 하니까 나와서 대진으로 이동했다. 대진 해변가에 있는 모텔을 찾아 갔더니 요금을 4만 원 달라고 하여 짐을 방에 넣어두고 인근 식당에서 황태해장국을 먹었다.

다른 지역은 해수욕장을 개장했는데 대진은 다른 지역보다 늦게 개장했다가 일찍 폐장한다고 한다. 방에 들어오니까 바다가 내려다 보였다. 창문을 열어 놓으니까 바닷바람이 불어와 덥지 않았다. 파도소리를 듣다가 페이스 북에 여행기를 게시했다.

오늘 걸음 수는 67,191보(누계 2,286,580보), 이동거리는 50km(누계 1,739km)이다. 용혜진 팀장에게서 전화가 왔다. 여행 중에 나와 식사를 하고 싶은데 내가 너무 빨리 이동한다고 댓글을 달아 전화를 했더니 토요일에 나를 만나러 온다고 했다. 만나는 장소는 상황을 봐가며 전화로 연락하기로 했다.

출발한 지 41일 만에
강원도 고성 통일전망대 도착

41일차 도보여행은 7월 27일 6시에 숙소에서 나와 통일전망대로 향했다. 통일전망대 출입신고소에 도착하니까 7시인데 아무도 없었다. 조금 있으니까 칡즙을 판매하는 아주머니가 나와 몇 시에 문을 여느냐고 했더니 8시 반에 직원들이 나온다고 했다. 통일전망대는 걸어서는 갈 수가 없어 카풀을 하던지 택시를 불러야 한다고 했다. 조금 있으니까 음식점을 운영하는 사람이 나와서 황태해장국을 먹고 기다리면서 카풀을 할 사람을 찾았다.

벤치에 앉아 쉬고 있는데 어린이집 차를 끌고 온 노부부가 보여 "도보여행을 하고 있는데 통일전망대는 걸어서 갈 수가 없다고 하는데 태워주시겠어요?" 했더니 태워주겠다고 했다. 출입신고를 마치고 교육을 받고 어린이집 차를 타고 통일전망대로 올라갔다. 전에도 통일전망대에 왔던 적이 있었지만 그 때와는 느낌이 달랐다. 그 때는 관광하면서 들린 것

통일전망대까지
태워다 준 노부부

이고 이번에는 도보여행을 하면서 들린 것이다.

전망대에 올라가서 북쪽을 바라보니까 철조망이 쳐져 있고, 얼마 전까지 금강산 관광객들이 이용하던 도로도 보였다. 기존의 전망대 옆에 새로 전망대를 높이 신축하고 있었다. 아픔의 현장이 관광지가 되고 있다는 것이 씁쓸했다.

다른 사람들은 관광하려고 왔는지 모르지만 나는 아버지의 고향이 북한이다 보니 한 번도 가보지 못했다. 제적등본에 아버지가 태어나신 곳이 황해도 연백이라고 되어 있고, 아버지가 사시던 집에서 삼팔선이 내려다보이는 곳이라고 하셔서 그렇게만 알고 있는 것이다. 금강산 관광도 가고 개성공단을 운영할 때는 잘 하면 아버지의 고향에도 가 볼 수도 있겠다는 생각이 들었는데 지금은 그런 기대를 접었다.

통일전망대 관람을 마치고 어제 걸었던 길을 걷지 않으려고 차

통일전망대에서 본 북한 땅

를 태워주신 노부부에게 간성까지 태워달라고 부탁하여 차를 타고 와서 진부령으로 향하는 길목에서 내렸다. 노부부는 출입신고를 하지 않고 올라가다가 검문소에서 출입신고를 해야 올라갈 수 있다고 하여 되돌려 왔다고 했다. 다음 여행지가 인제 자작나무 숲이라고 했다. 노부부가 여행하는 모습이 보기가 좋았다.

출입신고 시간은 11월부터 2월까지는 오전 9시부터 오후 3시 50분까지이며, 7월 15일부터 8월 20일까지는 오전 9시부터 오후 5시 50분까지이며, 기타기간은 오전 9시부터 오후 4시 50분까지이다.

김태문씨가 인제에 살고 있다는 소리를 들은 적이 있다. 인제방향으로 진행하면서 김태문씨에게 전화를 했다. 3번이나 전화를 걸었는데 받지 않았다. 나중에 전화가 와서 받았더니 김태문씨였다. 나를 만나기 위해 지금 진부령을 넘어가고 있다고 했다. 가다가 삼백조 삼계탕 집이 보여 들어가 삼계탕을 먹고 나오면서 계산을 하려고 하는데 주인이 "여행을 하시나 봐요?" 했다. 도보여행을 하고 있다고 했더니 "어디서 출발했느냐?"라고 했다.

"경기도 시흥에서 서해안, 남해안, 동해안을 거쳐서 통일전망대까지 올라갔다가 지금 육로로 시흥으로 걸어가는 중입니다." 했더니 옆에서 식사를 하던 노인 한 분이 "참 특별한 분이네요." 했다. 내가 "아닙니다. 저는 특별한 사람이 아니고 그냥 보통사람입니다." 했더니 "보통사람은 그런 일을 할 수 없어요. 그럼 아주 특수한 분입니다." 했다.

식사를 마치고 다시 걷기 시작했다. 걷기 시작한지 얼마 되지 않았는데 김태문씨 부부가 왔다. 나와 같이 점심을 먹으려고 부지런히 왔다며 점심을 먹으러 가자고 하여 점심을 먹었다고 하니까 두 부부가 점심을 먹고 와서 나와 함께 걷겠다고 했다. 김태문씨가 옥수수를 쪄왔다고 줬다. 옥수수를 먹으며 걸었다.

진부령을 걸어 올라가고 있는데 김태문씨가 내리더니 나와 함께 걷기 시작했다. 진부령은 경사가 완만했다. 경사가 완만해서 그런지 정상까지 가는 길이 길었다. 정상 가까이 올라가니까 안개가 자욱했다. 정상부근 가까이 갔을 때 차가 한 대 서더니 "멀리 가면 태워다 드릴까요?" 했다. 고개를 숙여 운전석을 보니까 운전자가 외국인이었다. "고맙습니다. 지금 저희는 도보여행 중 입니다." 하니까 알았다며 갔다.

비가 내리는데 우리가 배낭을 메고 가방을 끌고 가는 모습이 안쓰럽게 보였나보다. 이때까지 41일을 걸으며 태워주겠다고 하는 사람은 처음이다. 자동차전용도로라서 도보로 갈 수 없는 곳을 통과하기 위해 차를 태워달라고 했던 적이 있는데 많은 차량이 지나갔지만 아무도 태워주지 않았다. 만약 사고가 나면 책임을 운전자에게 물으니까 태워주지 않으려고 한다. 보험제도가 문제인 것 같다.

정상에 오르니까 안개가 너무 심해서 사진을 찍기도 힘들었다. 정상은 해발 520m이다. 정상을 지나서 내려오는데 김태문씨 처가 차를 가지고 와서 차를 타고 김태문씨가 살고 있는 원통으로 이동했다. 바로 옆에 개울이 있다. 작은 폭포도 있고 물놀이를 할 수 있는 공간도 있었다. 가족단위의 휴양시설로는 정말 좋은 곳이다. 개울에서 샤워를 하려고 물에 들어갔더니 물이 너무 차가웠다. 그래서 옷을 얼른 갈아입었다.

김태문씨가 살고 있는 곳은 건축허가를 받아 놓은 상태이지만 아직은 건물을 지은 것이 아니라 부부는 컨테이너에서 생활하고 있고, 누가 오면 텐트나 정자에 모기장을 치고 그 곳에서 자는 모양이다.

매일 도보여행 내용을 페이스 북에 게시해 왔고 기다리는 사람들이 있는데 올리지 않을 수가 없어서 자기 전에 '41일차 도보여행을 마칩니다.'라고 올리고 텐트에 들어가서 취침했다. 자고 있는데 얼굴에 물방울이 떨어져 일어나 보니까 새벽 1시였다. 비가 많이 내리니까 비가 새는 것이었다. 그래서 얼른 이부자리를 개서 비가 맞지 않는 곳으로 옮겨 놓고 비를 피해서 쪽 잠을 잤다.

오늘 걸음 수는 54,588보(누계 2,341,168보), 이동거리는 40km(누계 1,779km)이다.

육로를 통해 집으로 가는 발걸음

직장동료가 도보여행에 동참하여 비 맞으며 걸었다 | 도보 여행지까지 찾아온 직원들의 가족 | 도보 여행지 춘천에서 만난 아내와 딸 | 배낭을 메고 가방을 끌며 포천 수원산 고개를 넘어 | 폭염주의보가 내려진 날씨에 배낭을 메고 끌며 고개를 3개나 넘어 | 들국화 모임 친구와 임진각을 둘러봄 | 48일간 서해, 남해, 동해를 돌아 육로로 시흥으로 돌아오다 | 나이 때문에 도보여행을 못 한다는 것은 핑계다

직장동료가 도보여행에 동참하여 비 맞으며 걸었다

　42일차 도보여행은 7월 28일 5시가 되니까 김태문씨가 일어나라고 깨웠다. 5시가 되면 모닝콜이 울려 일어났는데 어제 밤에 비가 새는 바람에 잠을 제대로 자지 못해서 피곤해서 그런지 모닝콜이 울리는 것을 못 들은 모양이다. 옷을 주워 입고 나와서는 김태문씨가 준비한 빵, 토마토를 먹고 김태문씨 처가 어제 진부령에서 차를 탔던 곳까지 다시 태워다 주어 김태문씨와 둘이서 다시 걷기 시작했다.

　이슬비가 내렸지만 무시하고 걷기 시작했다. 김태문씨에게 우산을 줬지만 그냥 걷겠다고 했다. 조금 진행하니까 빗줄기가 굵어져 우비를 꺼내서 입었다. 버스승강장이 있으면 잠시 쉴 수 있는데 버스승강장이 보이지 않았다.

　조금 걸으니까 문을 연 음식점이 보여 비도 피할 겸 들어가 황태해장국을 먹고 잠시 쉬었다. 얼마간 걸었는데 김태문씨가 오후 1시 45분이라고 했다. 아침을 먹은 지 얼마 되지 않은 것 같은데 1시 45분이라고 하니까 벌써 시간이 그렇게 흘렀나하는 생각이 들었지만 점심시간이 지났다고 하니까 점심을 먹자고 했다.

김태문씨가 아는 집으로 들어가서 내 휴대폰을 보니까 10시 45분이었다. 그러나 들어와서 이미 음식을 주문한 상태이고 기왕 들어왔으니까 수육 1접시와 감자전을 시켜 먹고 밥을 한 공기 먹었다. 먹은 지 얼마 지나지 않아 또 먹으니까 배가 불렀다.

나중에 알고 보니까 김태문씨 휴대폰 시계가 3시간이 빠르게 되어 있는 바람에 점심을 3시간 앞당겨 먹은 것이다. 이동하는데 김태문씨가 지인들에게 전화를 하여 터널구간은 차로 이동했고, 어떤 친구는 피망, 오이, 음료수, 핫브레이크 등을 사가지고 찾아와 격려를 해주는 사람도 있었다.

혼자서 걸을 때는 누구와 얘기를 할 수도 없었는데 김태문씨와 같이 걸으니까 이야기를 할 수 있어서 좋았다. 오후가 되니까 비는 그쳤다. 김태문씨는 운동화를 신고 걸었는데 젖어서 발이 아프다며 운동화와 양말을 가지고 오라고 하여 갈아 신고 걸었다. 하루 도보여행을 마치고 저녁에 빨래를 하면서 다른 것은 몰라도 드라이로 양말은 바짝 말린다. 발에 문제가 생기면 걸을 수 없기 때문이다.

3일 동안
같이 걸었던
김태문

인제군 합강정에 도착했을 때 김태문씨가 오늘은 그만 걷고 원통 집으로 가자고 했다. 어제도 옷을 빨아 입지 못했는데 오늘은 빨래를 해야 한다며 인제에 있는 모텔에서 자겠다고 했다. 그랬더니 내일도 함께 걷자며

01 ▥▥ 직장동료가 도보여행에 동참하여 비 맞으며 걸었다

내일 아침 7시에 여기서 만나서 함께 걷자고 하고 헤어졌다. 헤어져 인제읍에 들어가 모텔을 찾았으나 눈에 띄지 않았다.

간신히 한 모텔을 찾아 들어갔더니 2인용 방이 없단다. 나와서 다른 모텔을 찾아서 들어갔더니 4만 원을 달라고 했다. 짐을 방에 넣어 두고 나가서 근처 식당에서 오징어덮밥을 시켜 먹고 들어가서 빨래를 해서 수건위에 빨래를 올려놓고 발로 밟았다. 그리고는 드라이로 옷을 말렸다.

옷을 말리고는 페이스 북에 '42일차 도보여행을 마칩니다.'를 게시했다. 정리하지 못했던 어제 것과 오늘 도보여행 내용을 정리하는 시간을 가졌다.

오늘 걸음 수는 47,979보(누계 2,389,147보) 이동거리는 36㎞(누계 1,815㎞)이다. 도보여행을 할 때 둘이 걸으면 말벗이 있어서 좋지만 이동 속도는 느리다. 나는 속도전을 하는 것이 아니니까 둘이 걸으니까 좋았다.

도보 여행지까지 찾아온
직원들의 가족

  43일차 도보여행은 7월 29일 인제군청 인근 모텔에서 6시에 일어나 김태문씨를 만나기로 한 합강정으로 이동했다. 합강정 위쪽에서 기다리고 있는데 김태문씨에게서 어디에 있느냐고 전화가 왔다. 아래쪽에 있다고 내려오라고 하여 내려가서 김태문씨를 만나 홍천을 향해 걷기 시작했다. 한 참 걷다가 휴게소에서 묵밥을 먹고 다시 걷기 시작했다. 걸어가고 있는데 어떤 여성이 아메리카노 아이스를 가져왔다. 김태문씨 조카라고 했다.

  조카가 김태문씨 처를 '해바라기 고모'라고 불러 왜 해바라기 고모라고 부르느냐고 하니까 음식점을 할 때가 있었는데 손님들이 김태문씨 처에게 "아가씨 술 좀 따라라. 아가씨 술 한 잔 하라"는 등 술집아가씨 취급을 하니까 두 부부가 해바라기 엄마, 해바라기 아빠라고 부르기 시작한 것이 해바라기 고모, 해바라기 이모로 부르게 되었다고 한다.

  지나가는 길옆에 군인교회가 하나 보였다. 김태문씨가 전에 시장 수행 비서였던 오명환씨가 군에 근무하면서 설계를 했다고 하여 사진에 담았다. 본격적으로 여름휴가가 시작되는 주말이라 그런지 동해안으로 향하는 차량이 많았다. 고속도로는 꽉 막혀 교통체증이 심하다고 했다. 용혜진 팀장이 나를 격려해 주기 위해서 오고 있는데 교통체증으로 예정시간보다 늦는다고 했다.

파출소 앞 정자에서 기다리며 쉬고 있는데 파출소에 근무하는 경찰이 "이것밖에 드릴 것이 없네요." 하더니 음료수를 한 병씩 줬다. 잠시 후 용혜진 팀장의 가족들이 도착했다. 친정집에 애들을 내려놓고 오려고 했는데 교통체증이 심해 늦어서 곧바로 왔다고 했다.

용혜진 팀장 가족과 함께 교동짬뽕집에서 교동짬뽕을 먹고 기념사진을 촬영하고 헤어졌다. 김태문씨와 인제와 홍천의 경계까지 함께 걸었다. 경계에 있는 청정조각공원에는 이상한 물건(남자 성기를 조각한 작품)이 진열되어 있었다.

3일 동안 함께 걸었던 김태문씨와 경계에서 작별인사를 하고 나는 홍천을 향해 빠르게 이동했다. 비를 맞으면서도 3일 동안 함께 걸어준 김태문씨가 너무 고마웠다. 나는 김태문씨에게 특별히 도움을 준 것도 없는데 3일 동안이나 함께 걸어준 것이 정말 고마웠다.

인제까지 찾아온
여행자 모임 용혜진 가족

아침에 반귀동 과장으로부터 오늘 도보여행 하는데 격려차 방문하겠다는 전화가 왔었다. 홍천에서 만나기로 했다. 홍천까지 거리가 그렇게 멀

것이라고 생각하지 못했다. 반귀동과장을 만나려고 부지런히 걸었다. 홍천을 향해 걸어가다가 철정검문소 인근에서 반귀동 과장 부부와 만났다. 홍천 양지말 화로구이 마을로 이동하여 함께 저녁을 먹고 10시가 넘을 때까지 이야기를 하다가 모텔이 있는 곳까지 태워 주었다. 먼 거리까지 찾아준 반귀동 과장 부부가 정말 고마웠다.

오늘 걸음 수는 69,021보(누계 2,458,168보), 이동거리는 52㎞(누계 1,867㎞)이다. 둘이 걸을 때는 말을 하면서 걸으니까 외롭지 않아서 좋기는 하지만 걸음 속도는 조금 느리다. 혼자서 걸을 때는 걸음 속도는 조금 빠르지만 외롭다. 도보여행이 슬로우 여행인 만큼 빠르지는 않더라도 둘이서 함께 걷는 것이 좋을 것 같았다.

홍천까지 찾아온 반귀동 과장 부부

방에 들어가서 빨래를 해서 말리고 페이스 북에 '43일차 도보여행을 마칩니다.'라고 게시하고 태블릿 PC를 꺼내 여행기록을 정리하는 시간을 가졌다.

나는 이때까지 아무 죄도 짓지 않았음에도 억울하게 교도소에 있는 직원을 면회 간 적도 없고, 어려움에 처했을 때 찾아가서 위로를 해 준적도 거의 없었던 것 같다. 이번 여행 기간 중에 너무도 많은 지인들의 격려를 받으면서 이제는 나도 남을 격려해주고 위로해 주는 삶을 살아야 하겠다는 생각이 들었다.

도보 여행지 춘천에서 만난
아내와 딸

44일차 도보여행은 7월 30일 5시에 일어나 춘천방향으로 향했다. 집사람과 작은 딸이 10시 15분 춘천역에 도착한다고 하여 무궁화 꽃 축제장에도 들리고 싶었는데 그냥 지나쳐야 했다. 긴 고개가 2개나 있어 오르다 보니 땀이 나고 힘들어 쉬고 싶었지만 집사람이 기다릴 것 같아서 쉬지 않고 부지런히 걸었다. 해발 340미터인 부사원 고개, 해발 340미터인 모래재를 지나니까 8시 40분경 식당이 보여 소머리국밥을 먹었다.

춘천역에서 집사람과 작은 딸을 만났다. 몇 년 전에 직원들과 춘천을 왔었고, 지난봄에 우리 가족이 춘천에 와서 관광을 했던 적이 있어 춘천 보다는 남이섬으로 가기로 했다. 춘천에서 남이섬역까지는 전철로 이동했다. 역에서 남이섬까지는 거리가 가까워 버스를 타나 택시를 타나 요금은 비슷하여 택시를 타고 남이섬으로 향했다.

남이섬으로 들어가기 전에 입구에서 간장닭갈비랑 고추장닭갈비를 먹었다. 집사람과 정민이가 맛있게 먹으며 좋아하는 모습을 보니까 나도 좋았다. 배를 타고 남이섬에 들어갔는데 날이 너무 더워서 그런지 특별히 좋다는 것을 느낄 수가 없었다. 더위를 식히려고 팥빙수를 먹고 남이섬을 한 바퀴 돌았다.

남이섬에 여러 차례 방문했었지만 남이섬에 올 때마다 이색적인 맛을 느꼈는데 이번에는 그런 것을 느끼지 못했다. 봄에 왔을 때는 봄의 맛을 느낄 수 있었고, 가을에 왔을 때는 낙엽을 밟으며 가을의 맛을 느낄 수 있었다. 그런데 오늘은 너무 덥기도 하고 피곤하기도 해서 그런지 이색적인 맛을 느낄 수가 없었다.

넓은 침상 같은 것이 있어서 아내와 딸이 한 바퀴 돌아보라고 하고 배낭을 베개 삼아 누워있었다. 누워있으면 시원할 줄 알았는데 날씨가 너무 더워서 그런지 누워 있어도 땀이 났다. 일어나 잠시 기다렸더니 아내와 작은 딸이 와서 나가자고 하여 배를 타고 나왔다.

남이섬에 찾아온 아내와 딸

남이섬에 찾아온 아내

버스를 타고 가평역에 와서 집사람과 작은 딸을 배웅하고 내일 진행해야 하는 방향으로 조금 진행했다. 걷다가 모텔을 잡고 옷을 빨고 씻은 다음 잠시 누웠다가 44일차 도보여행 결과를 페이스 북에 게시하려고 했는데 그만 잠이 들었다. 매일 올리던 여행내용을 올리지 않으니까 궁금해 할 것 같다.

오늘 걸음 수는 39,902보(누계 2,498,070보), 이동거리는 29km(누계 1,896km)이다. 오늘은 진행하기보다는 집사람과 작은 딸과 관광을 하며 쉬는 시간을 가지려고 했는데 날씨가 너무 더우니까 걸어서 관광하는 것은 한계가 있다. 작은 딸 정민이가 바쁜데도 시간을 내서 멀리까지 왔는데 좋은 시간을 갖지 못해서 미안했다.

배낭을 메고 가방을 끌며
포천 수원산 고개를 넘어

　45일차 도보여행은 7월 31일 가평군청 부근 숙소에서 5시에 일어나 포천방향으로 이동했다. 국토종주 북한강 자전거 길로 걷는데 식당을 만나지 못하여 8시경 만난 24시 편의점에서 김밥, 계란, 소시지, 맥주 1캔을 먹었다. 잠시 쉬면서 어제 잠이 드는 바람에 올리지 못했던 여행기를 올렸다. 여행기를 올리고 다시 길을 걸었다.

　자전거도로 옆에는 음식점이 없어서 11시 40분경에야 식당을 만났다. 24시 편의점에서 요기를 하지 않았더라면 아침식사를 굶을 뻔 했다. 늦기는 했지만 다행히 해장국 집을 만나 아침 겸 점심으로 올갱이 해장국을 먹고 다시 길을 재촉했다.

　대부분의 자전거 도로가 자전거 전용도로라고 표시되어 있지만 보행자도로는 따로 없다보니 자전거도로가 자전거 타는 사람과 걷는 사람이 같이 사용한다. 국토종주 북한강 자전거 길은 3개의 선으로 구분되어 있다. 2개선은 자전거를 타는 사람들이 오가는 길이고, 다른 1개의 선은 보행자들이 걷도록 되어 있었다.

얼마 지나니까 청평에 사는 노인들이 자전거를 타고 자전거도로에 설치된 벤치에서 쉬고 있었다. 칠팔십 대 노인들이 운동 삼아 매일 자전거도로를 따라 가평까지 갔다 온다고 했다. 자전거도로에 차량이 들어오지 않고 신호도 없으니까 마음 놓고 자전거를 탈 수 있으니까 좋다고 했다.

옛날에 기차가 다녔던 철로를 자전거도로로 만들었는지 425미터나 되는 터널이 자전거도로다. 터널 안에는 조명이 설치되어 있었고, 음악을 틀어 놓았다. 자전거를 타는 사람도 꽤나 많았고 걷는 사람도 있었다. 밖은 아주 더웠지만 터널 안은 시원하니까 걷기에 좋았다.

포천 경계를 지나자 바로 오르막이 시작되었다. 한 참 올라가니까 칡즙, 생마즙 등을 판매하는 곳이 보여 이제 정상에 다 올라왔다고 생각했다. 생마즙을 한 잔 시켜 먹으며 아주머니와 이야기를 하는데 아주머니가 여기가 정상이 아니라 이제 중간쯤에 오신 것이라고 했다. 도보여행을 하고 있다고 하니까 아주머니가 시원한 물을 한 병 주면서 가지고 가라고 했다.

고개가 길기도 하고 높이도 높았다. 도로가 급하게 구불구불해서 차선에 바짝 붙어서 차량이 오는 방향으로 가는데 차선에 바짝 붙어서 오는 차량이 있다. 커브다 보니까 오는 차량이 보이지 않았다. 나뭇가지가 도로로 뻗어 나와 차선 밖으로 여유 공간이 없는 곳을 걸어가다 보니 도보 여행자에게는 더 위험하다. 조심조심해서 고개를 올라가고, 조심조심해서 내려왔다.

정상에 해발 몇 m인지 표시가 되어 있지 않아 휴대폰에서 '램블러' 앱으로 확인해 보니까 해발 554m였다. 끌고 가는 가방이 있으니까 올라가는 길이 힘들었다. 진부령이 높다고 하는데 진부령은 520m이고 경사가 완만하여 힘든 것을 몰랐다. 그런데 포천 수원산고개는 경사도도 높고 구부러지는 곳이 굴곡이 심하게 구부러져 있어 교통사고의 위험성도 높았다.

수원산고개를 내려가니까 한식뷔페 집이 보여서 저녁식사를 하고 모텔이 있는 곳을 찾았다. 포천경찰서 인근에 있는 모텔에 3만 원을 주고 들어왔다. 들어와서 페이스 북에 '45일차 도보여행을 마칩니다.'라고 게시하고 여행기록을 정리했다.

오늘 걸음 수는 79,853보(누계 2,577,853보), 이동거리는 59㎞(누계 1,955㎞)이다.

폭염주의보가 내려진 날씨에
배낭을 메고 끌며 고개를 3개나 넘어

46일차 도보여행은 8월 1일 5시에 모닝콜이 울려 일어나 창문을 열고 손을 내밀어 보니 비가 내려 모닝콜을 6시로 바꾸고 다시 잠을 청했다. 어제 일기예보에 150㎖ 비가 온다고 했었다. 6시에 일어나 옷을 갈아입고 밖으로 나오니까 비가 오지 않았다. 숙소 근처 음식점에서 낙지덮밥을 먹고 지나가는데 복숭아를 판매하는 가게가 보여 천도복숭아를 5천원어치 샀다.

연천으로 향하는데 고개가 나왔다. 무릎고개는 해발 342m인데 날씨가 너무 더워 2번이나 쉬면서 고개를 올랐다. 아직 한 낮이 아니고 8시가 조금 넘은 아침시간인데도 더웠다. 이마에서 비 오듯 땀방울이 떨어졌다. 고개를 내려간 지 얼마 되지 않아 또 다시 고개가 나왔다. 정산고개로 해발 270m였다. 끌고 가는 가방이 있는데 고개가 자꾸 나오고 날씨가 아주 더우니까 많이 힘들었다.

9시 57분 폭염주의보가 내려졌다는 문자가 왔다. 날씨가 덥다 보니 그늘만 나오면 쉬었다 갔다. 11시 30분쯤 되었을 때 어탕국수집이 보였다. 들어가 보니 어탕국수만 아니라 어탕 밥도 있어서 어탕 밥을 시켜 먹었다. 전에 어죽을 먹던 맛과 비슷했다. 오랜만에 먹어서 그런지 맛있었다. 나온 밥과 어탕은 물론 반찬도 남기지 않고 다 먹었다. 그랬더니 주인아주머니가 손님이 이렇게 밥을 깨끗하게 먹을 때 기분이 좋다고 했다.

파주 가까이 가니까 또 고개가 나왔다. 양원리 고개라고 되어 있기는 한데 해발 몇 m인지는 적혀있지 않았다. 파주시 경계를 지나 적성면에 도착했는데 날씨가 무척 더워 힘이 들었다. 발바닥에서 이제 오늘은 그만 걸으라는 신호가 왔다. 더 걸어야 하는데 여기서 멈출 수가 없었다. 그래서 신발을 벗고 발을 주물러주고 발바닥에 파스를 붙이고 모텔이 나올 때까지 걸었다.

시외버스 터미널 근처에 갔더니 모텔이 보였다. 모텔에 들어갔더니 4만원을 달라고 했다. 가방을 방에 넣어두고 나와서 순대국을 먹었다. 방에 들어와 옷을 빨고 페이스 북에 '46일차 도보여행을 마칩니다.'라고 게시하고 여행결과를 정리하려고 했더니 태블릿 PC가 작동되지 않았다. 코드를 꼽아 충전을 시키는데도 작동하지 않았다. 코드를 꼽아 놓고 기다려도 되지 않았다.

태블릿 PC에 45일간 도보여행기록과 도보여행하면서 촬영한 사진을 모두 저장해놨는데 잘못되면 어떻게 하지하는 생각이 들었다. 메모리를 가져왔는데도 메모리에 저장하지 않았다. 메모리에도 저장을 했어야 했는데 어떻게 하나 하는 생각이 들었다. 휴대폰으로 태블릿 PC 회사의 전화번호를 찾아 전화를 했더니 일과시간이 아니라고 했다.

　　친구 필주가 내일 임진각으로 나를 위문하러 오겠다고 전화가
왔다. 필주는 도보여행기간 중에 페이스 북에 여행내용을 게시하
면 댓글로 응원해주고 있었다. 고등학교 때부터 만나오는 들국화
모임의 회원이기도 하다. 오늘 걸음 수는 54,332보(누계 2,632,185
보), 이동거리는 40㎞(누계 1,995㎞)이다.

들국화 모임 친구와 임진각을 둘러봄

47일차 도보여행은 8월 2일 파주시 적성면에서 5시에 나와 근처 식당에서 뼈다귀해장국을 먹고 임진각 방향으로 향했다. 37번 국도를 타고 이동하다가 임진각으로 가려면 1번 국도로 갈아타고 가야한다. 12시경 필주와 만나기로 했는데 아직 6㎞가 남았다. 벌써 11시 20분이나 되어 택시를 불러 택시를 타고 임진각으로 이동했다.

임진각에 도착하여 필주와 갈치조림을 먹었다. 갈치조림을 먹고 도라산역, 도라산전망대, 제3땅굴을 견학하는 표를 끊었다. 도보로 내려가는 것은 9,200원, 에스카레이트로 내려가는 것은 12,200원이라고 해서 에스컬레이터로 내려가는 표를 2매 끊었다.

차를 타는 시간이 1시간 이상 남아서 필주와 주변을 둘러봤다. 방문객들이 많은데 외국사람들이 많이 보였다. 전에도 와봤지만 그 때는 안보교육을 받으면서 온 것이고 이번에는 도보여행을 하면서 들린 것이다. 힘이 없어 나라가 분단되고 오갈 수 없는 것이 관광지가 되고 있는 안타까운 현실이다.

도라산역에 갔더니 시베리아철도와 연결은 완료되었지만 금강산관광객 박광자 사건이 발생하며 모든 사업 추진이 중단되었다고 했다. 우리나라가 남북한으로 갈라지면서 백두산도, 금강산도, 시베리아 철도도 마음대로 갈 수 없게 되었다. 아버지의 고향인 황해도 연백도 가 볼 수 없게 되었다. 아버지의 고향은 삼팔선이 바라다 보이는 곳이라고 하셨는데 이미 아버지는 돌아가셨고 나라도 가볼 수 있을지 모르겠다.

도라산 전망대에 올라가 보니까 북한으로 가는 다리가 끊어져 있는 것을 볼 수 있었다. 옛날에 운영되었던 기차에 포탄 맞은 자국이 선명하게 남아있었다. 휴전선을 두고 서로 오고 갈 수 없는 현실을 보면서 안타까운 현실을 실감하게 되었다. 관광객 중에는 외국인이 많이 보였다.

제3땅굴을 들어갈 때는 사진을 촬영하지 말라며 휴대폰이나 가방을 모두 보관함에 보관하고 들어가야 했다. 안전모를 쓰고 땅굴 안으로 들어가니까 정말로 시원했다. 상당히 깊이 땅굴을 팠는데도 물이 새지 않는 것

임진각 제3땅굴

도라산역에서
들국화모임 친구 필주와 함께

이 신기했다. 우리나라를 쳐들어오기 위해 땅굴까지 팠다는 것이
가슴이 아팠다.

임진각 관람을 마치고 자유로를 이용하여 이동하려고 했는데
필주가 자유로는 자동차전용도로라서 걸어갈 수 없다며 김포까지
태워줬다. 김포경찰서 인근 호텔에 들어갔더니 9만원을 달라고
하여 시청부근에 모텔이 있다는 소리를 듣고 시청부근 모텔로 이
동했다. 모텔비용은 5만원을 달라고 했다.

오늘 걸음 수는 46,882보(누계 2,679,067보), 이동거리는 36㎞(누계
2,031㎞)이다. 오늘은 매일 전화를 하는 이옥신 면장은 오늘도 응원
전화를 했다. 효겸이가 작은 딸 미국에서 결혼식한 사진을 페이스
북에 게시했기에 '좋아요'를 눌렀더니 바로 전화를 한 모양이다.
신창순이도 오랜만에 전화를 했다. 더운 날씨에 발은 괜찮은지,
건강에는 문제가 없는지 전화를 했다.

48일간 서해, 남해, 동해를 돌아 육로로 시흥으로 돌아오다

48일차 도보여행은 8월 3일 김포 숙소에서 5시에 나와서 걷다가 김밥천국에서 오징어덮밥을 먹고 검단사거리역에서 전철노선을 따라 걸었다. 인천역으로 집사람과 딸이 나온다고 하여 인천역에 도착하여 집사람에게 전화를 했더니 지금 월곶역으로 향하고 있다고 했다.

남이섬에 찾아온 아내

인천역 앞에 있는 파리바게이트에서 망고 빙수를 시켜 먹고 있는데 집사람과 수민이가 와서 같이 먹고 차이나타운으로 이동하여 '청관;이라고 하는 음식점에서 짬뽕과 쟁반짜장을 시켜 먹었다. 집사람이 화관을 산다고 하여 차이나타운을 한 바퀴 돌았다. 집사람이 TV에서 봤다며 신포시장에 닭강정을 맛있게 하는 집이 있다고 하여 가서 먹었다. 남은 것은 싸왔다. 음식점 이름을 정확하게 몰라 다른 음식점에서 먹었다.

시흥시청에 근무하다가 공로연수에 들어가면서 60세 나이에 가장 더운 삼복더위 기간인 6월 17일부터 8월 3일까지 48일간 도보로 시흥에서 해안을 따라 서해안을 따라 걸어서 땅 끝 마을까지 갔다가, 남해안, 동해안을 따라 통일전망대를 거쳐 다시 육로로 시흥 집까지 돌아오는 도보여행을 마쳤다.

48일 동안 걸음 수는 271만보, 이동거리는 2,054㎞를 걸었다.

도보여행 기간 중에 모두 24회에 걸쳐 먼 길까지 지인들이 직접 찾아와 응원해줬다. 직접 찾아와 격려금을 주고 간 사람도 있고, 모바일 상품권을 보내준 사람도 있고, 댓글로 응원해 준 사람은 117명이 1,590개의 응원의 댓글을 달았고, '좋아요'를 누른 사람이 159명인데 2,302회를 눌렀다. 전화로 격려해준 사람이 96명이나 된다. 카톡이나 문자로 응원을 보내준 사람도 많다.

살아오면서 이때까지 다른 사람들을 격려해주는 것에 인색했었다는 생각이 들었다. 이번에 도보여행을 하면서 많은 사람들의 격려를 받으면서 이제 앞으로는 돈은 많이 들이지는 않더라도 격려를 해 줄 수 있는 방법을 찾아 힘이 되는 삶을 살기로 했다.

특히 가족의 지원이 없으면 불가능한 일이었는데 아내가 적극적인 지원을 해주는 바람에 가능했던 일이다. 오래전부터 많은 사람들에게 하겠다고 약속한 일이고, 일생 중에 하고 싶은 일이었는데 이제 마무리 하니까 정말 기분이 좋았다. 아내에게 고마웠다.

집에 도착

이제 며칠 쉬고는 도보여행을 떠나기 전에 쓰던 책을 마무리 짓고, 도보여행을 하면서 느끼고 경험했던 내용들을 정리해볼 생각이다.

집에 왔더니 아랫집에 사는 분의 생일과 내가 돌아온 날이 같아 아래층 2가족과 앞집 합하여 4가족이 월곶에 있는 삼밧이 야생촌에 가서 저녁식사를 했다. 오랜만에 술을 마셔서 그런지 머리가 많이 아팠다. 아파트에서는 앞집에 누가 살고 있는지도 모른다고 하는데 우리가 사는 라인의 10층과 11층 4가족은 몇 년 전부터 1년에 한두 번 같이 식사를 한다. 사람들이 정이 있고 좋다. 편하다 보니 오랜만에 만나 한잔하는 시간을 가졌다.

나이 때문에
도보여행을 못 한다는 것은 핑계다

6월 16일까지 출근하고 다음 날인 6월 17일 아침 7시에 아내와 두 딸과 집을 나섰다. 걸으면서도 계속 속으로는 도보여행을 다녀올 때까지 무릎과 발목관절에 문제가 없도록 도와달라고 기도를 했다. 둘째 날 저녁에 왼쪽 발가락 3개와 오른쪽 발가락 3개에 물집이 생겼다. 물집을 터트리면 걸을 수 없다고 하여 반창고로 발가락을 싸매고 발을 씻을 때도 반창고를 떼지 않고 3일이 지나서 반창고를 떼어내니까 다 아물어 붙어 있었다.

도보여행을 하면서 3일에서 5일까지 문제가 없으면 완주가 가능하다는 소리를 듣고 3일에서 5일까지는 조심조심 하면서 걸었다. 5일이 지나고 부터는 이제 5일이 지났으니까 완주할 수 있을 것이라는 생각이 들었다.

도보여행을 진행하며 여행 진행내용을 매일 페이스 북에 게시를 했다. 그랬더니 많은 지인들이 댓글로 응원을 해줬다. 쉬는 시간에 응원 댓글에 대해 일일이 댓글에 대한 댓글을 달았다. 수년 동안 연락이 없던 친구에게서 전화로 응원을 받기도 하고, 카톡이나 문자 메시지로 응원을 보내오는 사람도 많았다. 평소 페이스 북

친구가 아닌 사람들로부터 친구요청이 많이 왔다.

48일 동안 진행하는 동안 24회나 여수, 부산 등 먼 곳까지 직접 찾아와서 응원해줬다. 심지어는 3일 동안 나와 함께 비를 맞으며 걸어준 지인도 있었고 매일 진행상황과 안부를 물어오는 지인도 있었다. 전혀 생각지도 못한 응원을 받았다. 이번에 도보여행을 하면서 많은 응원을 받으며 응원의 힘이 크다는 것을 알게 되었고 앞으로 지인들을 응원해야 할 일이 있으면 기꺼이 응원해야겠다는 생각이 들었다.

나에게 삼복더위에 왜 도보여행을 하는지 모르겠다는 사람들이 있었다. 나는 그들에게 하고 싶어서 하는 것이라고 했다. 서울대학교 박민선 교수가 당뇨 수치가 악화되었다며 도로여행을 하지 말라고 했을 때 내가 "도보여행을 하고 싶습니다." 했더니 "본인이 하고 싶으면 해야지요." 했다.

도보여행을 했다고 해서 뭐가 생기는 것은 아니다. 다른 사람들이 뭐라고 하더라도 상관이 없다. 오래전부터 내가 하고 싶어서 하는 것이다. 나는 세상을 살아가면서 하고 싶은 것을 하면서 사는 것이 행복이라고 생각한다. 돈이 싫은 것은 아니다. 권력이 싫은 것은 아니다. 그렇지만 내가 하고 싶은 것을 할 수 있는 것이 더 중요하다.

모두가 60세 나이에 삼복더위 기간 중 도보여행이 무리라고 했지만 이번 도보여행을 마치고 나니 체중이 63㎏에서 56㎏으로 7

kg이 줄어들었다. 최근 30년 이래 가장 적게 나가는 체중이다. 삼복더위 기간 중 땀을 비 오듯 흘리며 48일간 271만보 2,056㎞를 걷고 왔더니 도보여행을 떠나기 전에 통증이 느껴졌던 무릎의 통증도 사라졌다. 서울대학교병원 박민선 교수가 당이 올지 모른다며 열심히 운동을 하라고 하여 매일 15,000보 이상 걸었지만 당 수치가 떨어지지 않았다. 당 때문에 도보여행을 하지 말라고 했는데 도보여행을 마치고 돌아오니까 당 수치도 많이 떨어졌다. 그리고 내가 오래전부터 해보고 싶었던 꿈이 하나 이루어진 것이다.

나이 때문에 도보여행을 못한다는 것은 핑계에 지나지 않는다. 많은 사람들이 도보여행을 하고 싶다고 하면서 막상 실행에 옮기지 못하고 있다. 지인 중에 내년에 도보여행을 하고 싶은데 혼자서는 못할 것 같다고 하여 내가 동행해주겠다고 했다. 아주 더운 여름이나 아주 추운 겨울철이 아니라면 도보여행 하기에 아주 좋다. 도보여행을 해보고 싶은 사람은 과감하게 도전해 봐라.

도보여행을 계획 중인 사람들을 위한

준 비 물 ———————————————————— 복장준비

배　　낭	메는 가방은 여름철에 여행을 할 때는 메었을 때 등과 바람이 통할 수 있는 배낭이 좋다. 땀띠가 나지 않을 수 있다. 필요시에는 멜 수도 있고, 끌 수도 있고, 의자로 활용할 수 있는 가방을 준비하면 어깨에 부담을 줄일 수 있다.
신　　발	신발을 신었을 때 발바닥이 닿는 면은 물론 신었을 때 발이 편해야 한다. 출발하기 1주일 전부터 미리 신어 발에 편하게 해야 한다. 장거리 도보여행에서는 가벼운 등산화가 좋다. 비가 올 때를 대비해서 트래킹이 가능한 샌들을 준비하는 것도 필요하다.
모　　자	자외선을 피하기 위해서 챙이 넓고 망이 있는 모자가 좋다. 챙이 부드러우면 바람이 불면 구부러져 햇볕을 가리지 못하니까 구부러지지 않는 소재로 되어 있는 것이 좋다. 바람이 불면 모자가 벗어질 우려가 있으니까 끈이 달린 모자가 좋다.
팔 토 시	여름철에 여행을 할 때는 자외선 보호와 땀이 날 때 끈적임이 없어서 2개 정도 준비하는 것이 좋다.
속　　옷	빨리 마르는 옷으로 2벌을 준비하여 빨아 입으면 된다. 걸을 때 땀이 나니까 팬티는 사각팬티를 입는 것 보다 삼각팬티나 스포츠 팬티를 준비하는 것이 좋다.
양　　말	얇은 양말을 속에 신고 겉에는 두꺼운 양말을 신는 것이 좋다. 무좀이 있는 경우에는 발가락양말을 준비하는 것이 좋다. 양말이 신발 안에서 주름이 생기면 물집이 생기거나 통증이 발생할 수 있다.
바　　지	바지는 폭이 여유가 있는 것이 좋다. 폭이 너무 좁은 바지는 통풍이 안 되어 오래 걸을 때는 권하고 싶지 않다.
우　　비	등에 멘 가방까지 덮을 수 있는 판초우의가 좋다.
허 리 에 차 는 가 방	휴대폰, 노트, 필기구 등 수시로 사용하는 물건을 보관하기가 좋다. 사용하는 물건에 공간구조가 편하게 사용할 수 있도록 되어 있는 것이 좋다.

─── 기타준비물

바 늘 과 무 명 실	발에 물집이 잡히면 잠을 잘 때 바늘로 물집을 통과하여 실을 물집에 남겨두고 자면 물이 실로 빠져나와 물집이 말라붙는다.
손톱깎기 코털깎기	여행기간이 길 때는 준비하는 것이 좋다.
면 도 기	자신의 취향에 맞는 면도기는 어느 것이든 가능하다. 모텔을 이용할 경우에는 지급해준다.
썬 크 림	여름철에 여행을 할 때는 자외선 보호와 땀이 날 때 끈적임이 없어서 2개 정도 준비하는 것이 좋다.
칼	과일을 사서 먹을 때 등 필요할 때가 있어 작은 칼을 하나 준비하는 것이 좋다.
메모수첩 필 기 구	여행기록이나 전화통화 하면서 필요한 내용을 신속하게 메모할 수 있다. 모텔을 이용한다면 대부분의 모텔에 PC가 설치되어 있어 매일 여행기록을 정리할 수 있으니까 메모리를 준비해 가는 것이 좋다.
전국지도	지도를 제공하는 앱이 많이 나와 있어 휴대폰을 활용할 수 있지만 휴대폰의 지도는 한 눈에 보려고 축소하면 지명이 사라지고, 확대하면 전체를 한 눈에 볼 수 없다. 내가 가야할 길을 한 눈에 볼 수 있는 한 장으로 되어 있는 지도가 필요하다.
비닐봉투	비가 내릴 때 젖어서는 안 될 물건을 담을 큰 비닐봉투를 준비해야 한다. 비슷한 종류별로 담을 수 있는 작은 봉투도 준비하면 좋다. 비닐봉투는 투명비닐 봉투를 넣는 것이 구별하기 좋다.
비상약품	소화제, 지사제, 진통제 등 개인이 평소 복용하고 있는 약이 있을 경우에는 미리 준비해야 한다. 걷다가 관절이나 근육에 붙인다. 저녁에 발바닥에 붙이면 아침에 발의 통증이 줄어든다. (부착시키는 것, 뿌리는 것, 바르는 것)
야 광 등 반 짝 등	낮에만 걷겠다고 계획했더라도 불가피하게 야간에 걸을 때를 대비해서 가슴과 배낭에 부착하면 교통사고위험을 방지할 수 있다.
간 식	식당에서 식사를 해야 하는 경우에는 아침에 문을 연 식당이 드물어 한 끼 정도는 해결할 수 있는 간식을 준비해야 한다.

홀로여행을 계획 중인 사람들을 위한

참 고 사 항 ────────────────────────────────

■ 1인용 텐트를 가지고 가면 될 것이라는 생각

여행경비를 줄이려고 1인용 텐트를 가지고 갔는데 날씨가 너무 더워서 땀이 많이 나서 몸을 씻어야하고 옷을 빨아야 하는데 몸을 씻을 곳이 없어서 텐트에서 잘 수가 없었다.

여행기간은 4개월로 예상하고 추우면 텐트에서 잘 수가 없다고 생각하고 6월 17일부터 10월 중순까지 여행을 하려고 했는데 7월과 8월은 너무 더워서 땀이 너무 많이 나서 갈 수 있는 섬은 다 가보려고 했는데 가보지 못했다. 봄이나 가을로 시기를 잘 선택하면 텐트의 사용이 가능하다.

■ 배낭에 물건 넣기

등에 메는 배낭의 무게는 최소화하는 것이 좋으며 자기 몸무게의 8% 내지 12% 정도가 좋다. 비가 올 때를 대비해서 배낭에 큰 비닐 봉투를 넣고 물건을 넣기 시작한다. 가벼운 것부터 넣고 무거운 것은 물건은 나중에 넣어 중앙보다 상단부에 오게 넣는다. 크기가 큰 것부터 넣는다. 자주 사용하지 않는 것부터 넣는다. 같은 종류의 물건들은 투명비닐봉투에 담아 넣는다. 젖은 물건이나 세탁하지 않은 옷은 투명비닐봉투에 분리해서 넣는다. 간식은 투명비닐 봉투에 넣어 맨 위쪽에 넣는다.

■ 가는 곳마다 식당은 있을 것으로 생각

해안가로 여행을 하니까 항구도 있고 해수욕장도 있으니까 식사를 하는 데는 문제가 없을 것이라고 생각했으나 해수욕장이나 항구에도 아침에 문을 연 식당이 거의 없었다. 면소재지에는 음식점이 있을 것으로 생각했는데 음식점이 없는 곳이 많이 있었다.

아침에 문을 연 식당이 거의 없었으며 아침 식사가 가능하다고 하는 식당도 9시 이전에 문을 여는 식당이 거의 없어 10시 반이나 11시에 식사를 할 때도 있었다. 해안가를 여행 할 때는 문을 연 식당이라고 하더라도 아침에 혼자 오면 재수가 없다며 식사를 주지 않으려는 경향이 있다는 것을 알아야 한다.

４ 걸으면서 적당히 쉴 곳이 있을 것이라고 생각

수도권처럼 가다보면 군데군데 카페가 있어 더운 낮에는 그 곳에서 쉬면서 걷겠다고 했는데 해안가 도로에는 카페가 거의 없었다. 시흥에서 출발하여 대천해수욕장까지 갈 때까지 카페를 만날 수가 없었다.

국도를 확포장하면서 가로수를 식재하지 않거나 식재했더라도 크지 않아 새로 개설한 국도에는 그늘도 없고 버스승강장도 없어 앉아서 쉴 공간이 없다. 구도로를 타고 가야 버스승강장이 있다. 그런데 구도로는 평소에는 차가 드문 편이나 도로 옆에 여유 공간이 별로 없어 큰 차가 지나갈 때는 위험하다.

５ 지역에 가면 지역 특색음식을 먹으며 여행할 수 있을 것이라는 생각

식당에 혼자서 들어가면 특색음식은 1인분 거의 팔지 않아 선택할 수 있는 메뉴가 해장국, 백반, 곰국 등 한정되어 있으며 동해안 일부 지역은 물회나 횟밥 중에 선택해야 하기 때문에 육포, 과일 등 한 끼의 식사를 대신할 수 있는 간식거리를 준비하는 것이 좋다.

６ 배낭 1개면 될 것이라고 생각

1인용 텐트, 에어매트, 침낭 등을 준비하다 보니 배낭의 무게가 12이상으로 하루나 이틀은 몰라도 장기간 여행을 하는 것은 힘들다. 어깨에 통증이 오면 배낭을 메고 걸을 수가 없다.

끌고 다니는 가방이 편하기는 한데 언덕을 올라갈 때는 힘들다. 그리고 비포장도로나 계단이 있을 때 힘들다. 평소에는 끌고 필요시에 멜 수도 있는 가방을 준비하는

도보여행을 계획 중인 사람들을 위한

참 고 사 항 ─────────────────────

것이 좋다. 끌고 가는 가방의 바퀴는 너무 작은 것 보다는 조금 큰 것이 좋다. 자주 사용하거나 급하게 꺼낼 수 있는 주머니가 있으면 더 좋다.

7 면소재지에는 모텔이 있을 것이라고 생각

잠을 모텔에서 자려고 하니까 면소재지에는 허름하더라도 모텔이나 여관이 있을 것이라고 생각했는데 면소재지에도 모텔이 없어 다음 면소재지까지 이동했는데도 다음 면소재지에도 모텔이 없어 60㎞ 이상 걸어야 할 때도 있었다.

마을회관이나 민박집은 쌀 것이라는 생각할 수도 있는데 관광시즌에는 마을회관이나 민박집의 1일 사용료가 10만 원이 넘을 수 있는데 모텔은 대부분 4만 원선이다. 5만 원이 넘는 곳도 있고, 4만 원 미만인 곳도 있다.

8 발에 대한 조치

오랫동안 걷게 되면 발에 물집이 생긴다. 신발이 중요한데 발이 닿는 부분이 울퉁불퉁한 것을 신었더니 잠깐은 지압효과도 있어서 좋은데 오래 걸으니까 발바닥에 무리가 와서 힘이 들었다.

물집이 생기지 않게 하는 것이 중요한데 물집이 생겨버리면 잘 조치를 해야 하는데 걷는 중에 물집이 생기면 반창고를 붙여서 터지지 않도록 하고, 저녁에 자면서 바늘에 실을 꿰어 물집을 통과시키고 실을 물집에 남긴 상태로 자르고 양말을 신고자면 물집이 젖어들게 된다.

발바닥이 아플 때 파스를 붙이는 것이 도움이 된다. 밤에 잘 때는 파스를 붙이고 양말을 신고자는 것이 좋다. 양말을 신지 않으면 파스가 떨어져 나간다. 걸을 때 파스를 붙이려면 파스를 붙이고 부착포를 잘 붙여서 걸을 때 이리저리 돌아다니지 않도록 해야 한다.

⑨ 관광지를 관람하며 여행을 하려고 했는데 도보여행에서는 적당하지 않음

걷고 있는 도로에서 대부분의 관광지가 몇 km씩 떨어져 있는데 그 곳까지 관람을 하려면 여행기간이 상당히 길어지게 된다. 걷고 있는 도로에서 가까운 곳은 관람하고 멀리 떨어져 있는 곳은 다른 수단을 사용하는 것이 필요하다.

⑩ 페이스 북 등에 여행기를 게시

여행의 구체적인 계획을 세웠느냐는 질문을 많이 받았는데 계획은 전혀 없고, 바람이 불면 부는 대로, 발길이 닿으면 닿는 대로 하기로 했다. 구체적인 계획은 세우지 않더라도 개략적인 계획은 세워두는 것과 필요한 정보(관광지, 특색음식 등)를 사전에 파악해 가면 좋다. 매일 페이스 북에 여행기를 게시하니까 댓글로 필요한 정보를 주는 경우가 있어서 여행을 시작하며 페이스 북에 여행하는 내용을 매일 게시했더니 지인들이 지속적으로 응원의 댓글을 달아주는데 여행하는데 힘이 된다.

⑪ 농촌체험 봉사활동을 하려면 시기를 잘 선택해야

여행을 하면서 농사일도 거들고 봉사활동도 하려고 했더니 마늘, 양파, 감자를 캘 때 일손이 부족한데 이미 다 캐낸 상태이다. 이러한 것을 원한다면 사전에 정보를 수집하여 적당한 시기를 선택하는 것이 좋다.

⑫ 라디오나 음악을 들으며 가는 것이 좋다.

혼자서 도보여행을 할 때는 라디오를 가지고 가면 일기예보나 각종 정보 등을 들을 수도 있어서 좋다. 걷다 보면 지역마다 주파수가 다르니까 가능하면 고성능 라디오가 좋다. 라디오와 음악을 같이 들을 수 있으면 더 좋다.

도보여행을 하면서

얻은 성과

첫째

내가 오랫동안 하고 싶었던 것을 해냈다. 오래전부터 우리나라 해안가를 걸어서 한 바퀴 돌아오겠다고 수없이 밝혀왔는데 한 여름 삼복더위 기간 중에 도보여행을 하면서 비 오듯 땀을 흘리면서 힘이 들었지만 완주함으로써 해보고 싶었던 것을 하나 이룰 수 있었다.

둘째

체중이 7kg 줄어들었고, 혈당이 떨어졌고, 통증이 있었던 무릎에 통증이 살아졌다. 다. 결혼한 후 체중을 줄이려고 운동도 하고, 소식을 하기도 했지만 체중이 60kg이 하로 내려간 적이 없었는데 48일간 271만보를 걸어서 2,054km를 걸었더니 체중이 56kg으로 줄어들었다. 혈당도 높아 서울대학교병원 가정의학과 박민선교수가 도보여행을 하지 말라고 했는데 혈압이 많이 떨어졌다. 매일 15,000보를 걸었으나 당 수치가 떨어지지 않더니 도보여행을 마치고 돌아오니까 많이 떨어졌다. 도보여행을 떠나기 전에 무릎과 발목에 통증이 있었는데 통증이 사라졌다.

셋째

아직 우리나라는 살만한 나라라는 것을 알았다. 여행기간 중에 경찰이 냉수와 야간에 걸 때 위험하다며 깜빡이등을 가져다주었고, 식사를 하는 식당에서는 무더운 여름에 물을 많이 먹어야 한다며 꽁꽁 얼음이언 물병을 주는 것을 경험했고, 어떤 식당에서는 도보여행자에게 식사를 서비스로 제공하는 곳도 있었다. 이 외에도 만나는 사람들로부터 정을 느낄 수 있었다.

넷째

도전하면 할 수 있다는 것을 알았다. 60세 나이에 삼복더위 기간 중에 도보로 우리나라 해안가를 한 바퀴 돌아온다는 것은 불가능하다고 했다. 하루에 40㎞에서 60 ㎞를 걸으니까 무리라고 했지만 걸어보니까 가능했다. 도전하면 누구나 할 수 있는 데 도전해보지도 않고 못하겠다고 한다.

다섯째

진실한 응원 댓글은 힘이 된다는 것을 알았다. 도보여행을 하면서 진행내용을 매일 페이스 북에 게시하니까 댓글로 응원해주고, 전화로 응원해주는 사람들이 많이 있었다. 그리고 일기예보나 필요한 정보도 제공해주니까 좋았다.

여섯째

먼 곳까지 직접 찾아가 응원하는 것은 쉬운 일이 아니다. 48일 여행기간 중에 24회 나 멀리 부안, 여수, 하동, 부산, 울산, 월성, 강릉, 인제, 홍천, 파주 등까지 직접 찾아와서 격려를 해주니까 힘이 들어도 견딜 수 있는 힘이 생겼다. 멀리까지 직접 찾아가서 응원하는 것은 쉬운 일이 아니다.

도보여행 할 때

페이스 북에 게시한 글에 대한 응원 댓글 ────────────

김미금

- 가끔 버스에서 시청복도에서 카카오스토리에서 퇴임하신 공직선배들을 만나게 됩니다. 뭐랄까 반가우면서도 이상한 느낌?

- 시흥시 영원한 독일병정 공직자의 청렴성과 헌신성 원칙에 충실했던 김운영 동장님의 새로운 발걸음을 응원합니다.

- 막내 처제라~ 저를 막내 처제라고 부르는 세분의 형부가 계시는데 늘 다정하게 우리 처제 이리 부르는 형부들이 좋습니다. 주말에 비가 온다는데. 단비가 기다려지지만 도보 여행자에게 빗속 여행은 또 어떤 추억이 될까요?

- 여행자의 따뜻한 하루 일과네요. 숨 가쁘게 달려온 공직생활이 하나하나 생각나는 발걸음일까? 아니면 아이고 덥다 빨리 이동하자 일까? 직장인으로서는 멋져 보인 풍경입니다. 몸도 마음도 만땅으로 충전하는 시간이 되길 기원합니다.

- 걷다가 눈에 보이는 구복교회에서 예배를 드리고 교회에서 점심을 먹고 소박하고 따뜻해 보이는 풍경입니다. 쉬엄쉬엄 걸어가는 여행자의 모습

- 누님과 함께 먹은 바지락 죽과 뽕잎바지락전이라~ 두고두고 기억에 남을 음식, 여행 중보고 싶었던 사람을 만난다는 것은 참 고마운 일인 것 같아요. 만남은 강물처럼 그런데 막걸리 생각이 나네요.

- 맥주 1캔과 오징어 한 마리 ~ 평생 소박한 삶을 살았던 공직자의 모습이네요. 저는 그 시간 백운산 자락에 있었습니다. 해남 지나면 제 고향 진도가 보이겠네요. 다음 주 장마가 온다는데 비와 함께 여행자의 도보여행이 성공리에 함께 하길…….

- 정말 여행자가 가는 길이 멋지네요. 다방 커피, 오리육계장, 알탕, 정말 도깨비라도 나왔으면 더 멋진 여행이 될 텐데., 뷰티풍 아이프

- 어제 점심 먹고 노조사무실에서 도란도란 앉아 이런 저런 이야기를 하다 동장님 도보여행이 화제가 되었습니다. "대단하단 말이야", "나도 나중에 가고 싶다", "발바닥에 물집은 잡히지 않았을까" 벌써 18일이라니 여행자의 성공적인 도보여행이 기대가 됩니다. 파이팅

- 건공국방 김희아작가 소낙비 도토리묵밥 여수~ 여행자의 글에 담긴 단어가 소박하고 정겹네요. 대단 대단

- 대단하십니다. 벌써 23일째라니요. 파이팅.

- 온 세계와 온 우주가 인간과 자연이 함께 살아야 하는데 인간의 이기심이 자연에게 텃세를 부리는 사람을 미워요. 언젠가는 죽을 목숨인데 ~ 뭐 그리 욕심이 많은지. 텃세에 대한 생각 여기는 장대비가 쏟아집니다. 여행자의 성공 여행길이 얼마 남지 않았네요. 파이팅.

- 와우 박주하동장님도 함께 네요. 수국 옆에서 찰칵 사진 찍었다면 더 멋졌을 텐데요.

- 젊은 그대 ~~ 파이팅!!! 바닥에 앉아서 마신 맥주 응원합니다.

- 여행자의 하루 일기를 읽다보면 남한 땅 구석구석 예쁜 곳, 좋은 사람이 많다는 생각을 하게 됩니다.벌써 고성까지 가셨다니 여행자의 마음에 오랫동안 남을 도보여행 부럽습니다. 그리고 응원합니다.

- 우와 강원도래요. 울 김태문 고문님(노동조합) 얼마나 사이다인지 어디에 가더라도 분위기 업해주시고 먹을 것 바리바리 싸와서 사람들 챙겨주고 어디에 가도 인기 많은 남자와 함께 여행이라~ 강원도의 추억을 응원합니다.

- 아빠와 남편의 모습의 여행자 정말 보기 좋습니다.

- 집으로 여행자는 꿈같은 여행을 마치고 마침내 집으로 돌아왔다. 마지막 사진이 너무 따뜻하네요.

마순옥

- 나도 한번 도전해 보고 싶었던 분야인데
- 친구를 믿네. 무리하지 말고 몸이 허락하는 대로 쉬엄쉬엄 즐겨가면서 완주하길 응원하네.
- 좋은 곳 입력해 뒀다가 내게도 정보를 부탁하네. 나도 내년에 퇴직 후 좋은 곳 섭렵할 계획 중 오늘도 파이팅입니다.
- 선크림은 두 시간동안만 효과가 있다는데 잘 챙겨 바르시게 대단한 뚝심은 익히 알지만 용기와 열정에 박수를 보내고 싶네. 내일의 도전을 위해 편안한 휴식취하길
- 오늘도 더욱 활기차게 파이팅!
- 여행은 혼자가 제 맛이긴 한데 ..... 긴 여정에 이런저런 사연도 두고두고 꺼내볼 추억거리 되겠지. 암튼 부럽구먼. 태안 소나무 숲에서 쉬면서 충전도 하시게(6.23)
- 친구의 여행길에 만나는 이 마다 관심과 따뜻한 마음으로 응원해주길....기원하네.
- 기다리던 빗님이 오셔서 좋은 시간 볼거리가 많아 심심치 않은 길이었나 보네. 푹 쉬고 내일을 위해 파이팅
- 고르지 못한 날씨인데 수고가 많았네. 편히 숙면 취하시게
- 느림의 미학을 엿볼 수 있는 듯 빨리 스쳐 지나면 보질 못했을 것들 까지도 보고 느끼며 즐감 할 수 있는 여정이 부럽구먼. 주님 가까이 하니 긴 여정 길을 잘 지켜주시리라 믿나이다.
- 오늘도 추억과 성취감 한 페이지를 장식하느냐 수고했네.
- 오늘도 무사히 해겠네. 발이 주인을 잘못 만나서 혹시 하는구먼. 내 발등은 백두대간 하는 중에 탈나서 수술까지 했다오. 조심조심 쉬엄쉬엄 오기와 욕심 부리지 말고 ... 내일도 파이팅입니다.

- 걷기 좋은 계절에 나서다. 왜 하필 더워서 힘든 계절을 선택했는지 ... 하기야 이것저것 재다가는 아무 것도 이룰 수 없다. 운영친구 답긴 하다. 오늘의 고행 길도 모쪼록 즐겨하며 무탈하길...
- 수고했네. 내일을 위하여 편한 밤 숙면 취하시게나.
- 오늘도 파이팅! 전복 몇 마리 먹고 원기 충전 좀하고 고행길이 줄여가 되었으면 싶다.
- 염려했던 비는 피했나 보네 오늘은 볼거리도 많았나봐 여유로우므로 내일도 쉬엄쉬엄 무리 없이 완주하길 응원할게
- 오늘도 무탈하게 완주했군. 여행은 혼자서 하는 게 제 맛이긴 한데 부럽구먼. 혼자 올레 길도 갔었고 산도 자주 갔었는데 올레 길은 사람이 무섭고 주위산은 사람도 짐승도 무서우니 용기와 열정이 식어만 가네.
- 앞으로 살아갈 날들이 행복이 우선이야, 하고 싶은 대로 즐건 시간 보내고 ... 오늘도 더욱 활기차게 가벼운 발걸음으로 완주하삼
- 볼거리, 먹을거리, 즐여에 매력이지 마음 비우고 내려놓을 거 내려놓고 옮기는 걸음마다 가벼운 발걸음으로 긴 여정길이 희망찬 기쁨이길 오늘도 응원합니다.
- 간만에 휴식 아내와의 다정한 모습을 보니 흐뭇하게 느껴진다. 다음 여정을 위해 아내에게 기 많이 받고 충전 많이 하게나
- 전국적으로 비가 온다고 하는데 그 곳은 걷기 지장 없는가? 남해쪽으로 여행계획 있어 출발하려는데 어디가나 비를 피할 수 없을 듯싶긴 한데 ....무리한 진행하지 말고 쉬엄쉬엄 오늘도 즐여하시게...
- 열열한 응원단까지 먼 거리를 귀한 시간 할애하여 오심에 흐뭇하구먼. 산에 걸친 운무가 장관. 햇빛이 내리 쬐이지 않아서 걷기가 좋았을 듯 어제 남

도보여행 할 때

페이스 북에 게시한 글에 대한 응원 댓글 ────────

해에 왔는데 흐려서 회색빛 바다라 아쉬웠는데 지금은 날씨가 굿 오늘은 보고 싶었던 멋진 풍경을 만끽할 수 있을 듯싶네.

- 남해까지 왔다고 연락 좀 해볼걸. 하동에 있다고 해서 진행하는데 방해가 될 것 같아 남해에서 놀다가 5시에 출발했는데 밥이라도 함께 먹고 올 걸 미안하구먼.

- 어제 건너온 삼천포대교 지척에 있었구먼... 오늘도 걷기는 좋았겠는 걸. 산과 바다와 구름이 어우러져 만들어낸 풍경화가 장관이었지 수고한 몸 잘 추스려서 내일도 가벼운 걸음으로 즐여 해

- 강원도 옥수수가 최고인줄 알았는데 남해옥수수 맛이 굿이었어. 마늘도 실하고 가격이 많이 싸더군. 해안도로 걷는 거면 지루하지는 않겠네. 폭염주의보 재난문자 왔는데 걷기 힘들었을 듯 오늘 땀 좀 흘렸겠다. 푹 쉬고 숙면 취하시오.

- 폭염주의보속 북날에 무사히 완주하느냐 수고 많았구먼. 거제도 예전 정취가 없고 도시로 바뀌었더라. 부산에서는 혹사한 몸 좀 쉬어가며 먹거리 잘 챙겨먹고 원기충전 하며 수고한 본인위해 즐건 시간 보내봐야지

- 태종대 수국 꽃이 지는 시기일 텐데 아직 꽃을 볼 수 있겠네. 남은 긴 여행길을 위해 기력 충전 하려면 좋은 시간 즐건 시간으로 충분한 휴식을 취해야지

- 달맞이 고개 길 개인적으로 좋아하는데 먹거리로 복지리, 짚볼 꼼장어도 맛있었고 용궁사인가 그곳도 들려볼만 한데 계속 해안도로로 걸을 수 있으면 좋을 텐데

- 우리 딸 울산으로 시집가서 신혼살림 한지 1년쯤 넘었구먼. 울산에 입성 했구먼. 심재환 친구도 그곳에 살고 있는데 오늘 초딩 친구 딸 육사회관 결혼식장에 와서 만났는데 월요일에 내려간다고... 울산에 가볼만한 곳 태화강변 십리대밭길, 간절

곶. 대왕암, 내일을 위해 푹 쉬고 편한 밤 보내

- 뚜벅뚜벅 잘도 걷는구먼. 오래오래 들쳐볼 추억거리를 한 페이지 멋지게 또 장식했구나. 경주도 옛 정취는 사라지고 잘 정비된 도시 느낌이... 이제부터 해안도로만 걸을 수 있는 건가? 옛 구길로! 폭염 속 컨디션 조절 잘해서 오늘 가는 길도 무리 없이 완주하렴

- 일본인 가옥거리 뉴시공원 새천년기념관광장 지난해 여름휴가 때 다녀온 곳이라서 기억이 생생하다. 충분한 휴식 취하고 내일도 가벼운 발걸음으로 사부작 사부작 좋은 여행하도록

- 컨디션 안 좋다면서 49㎞를 걸었다고 이번 주말부터 휴가철 성수기라 점점 숙소 구하기가 곤란하겠네. 걷기 힘든 날씨의 연속이라 지쳤나보다. 군 사훈련도 아닌데 욕심내지 말고 그냥 즐겨야지. 내일도 쉬엄쉬엄 몸 관리 잘하며 걷기를 응원하는 모든 분들이 바라는 마음이니 명심하시게나.

- 집 떠나면 고생이지 눈이 십리는 들어간 듯하다. 강구항 대게 맛도 그립고 복숭아도 맛있었는데 덕분에 지리공부도 하고 관광도 하고 즐감 할 수 있어 좋구만 영덕, 후포, 울진, 동해 쪽으로 해안 절경이 좋아서 쉬엄쉬엄 즐감 많이 하며 걷게나.

- 멋진 젊은 친구들을 만났구나. 더구나 백암 친구들이라니 더욱 반가웠겠네. 강원도로 접어들면 고지가 가까워지니 힘이 나겠네. 오늘도 아자아자 파이팅! 난 오늘 방학이란 한 달 휴가를 맞는 날 좋으네.

- 무더위에 강행군 쉼 없이 뚜벅뚜벅 친구의 성향이 여실히 보이는구먼. 오늘도 수고했네. 삼척은 해안 절경도 먹거리도 좋았는데 해신당 공원인가 그곳도 많이 웃고 온 곳으로 추억하고 있네. 폭우가 있을 거라 일기예보가 하던데 진행하는데 무리 없길 바라네. 고성에 입성하는 소식을 접할 수 있을지 모르겠다. 수고한 나를 위해 오늘 발칸반도로 GO GO 통신망이 여의치 않을 듯싶어서 응원할 수 있

많은 분들이 댓글로 응원해주셨는데 일부만 게재할 수밖에 없어 부득이 일부만 게시하게 되어 죄송합니다.

을지 모르겠다. 여기까지 잘 왔으니 남은 구간도 잘 할 수 있을 거라 응원하며 완주를 기대한다.

- 이곳 통신망이 여의치 않네. 크로아티아에서 오늘은 볼거리가 좋을 듯해 남은 구간도 파이팅

- 그림 좋다. 함께 가 좋지. 고지가 가까워지네. 오늘 속초 입성하면 곧 고성인가? 조금만 힘내면 되겠다. 난 슬로베니아에서 전쟁의 흔적이 고스란히 남아 있는 모스타르 다리, 나피디 덕분에 크로아티아는 우리나라 관광객, 세계 각국 사람들 유럽인들의 바캉스 시즌과 맞물려 인산인해 되도록 이 계절에는 이곳 여행은 피해야 좋겠어.

- 속초에 입성했으면 고성 고지가 턱 앞이네

- 수고했네. 좋은 분 만나서 발걸음도 가벼웠을 듯

- 집에 가는 길을 어느 방향으로 진행하려는 거야? 고지에 다다른 게 끝이 아닌감?

- 잘 먹고 행복하게 즐여해서인가 41일 도보 여행한 모습은 아닌 듯 노숙자 티가 안 난다는 나도 강행군이긴 해도 좋네. 크로아티아만 덥고 슬로베니아, 오스트리아는 날씨가 굿 자연경관도 스위스만큼 좋고 백야로 9시 다되어 해가 져서 그때까지 관광을 할 있었어. 그래서 극성수기인가봐 유럽은 7월, 8월에 여행하기 좋단다.

- 함께 동행해주시는 덕분에 모습이 환하네. 난 프라하에서 불금 야간투어하고 떡 실신 오늘도 뚜벅뚜벅 걷고 있겠군. 힘내 내 집이 천국이야

- 무탈하게 여행 마치고 소소한 일상으로 돌아왔네. 여행 내내 버스로 이동하면서 잠 한 숨 안자며 볼거리를 놓치지 않으려고 해서인지 집에 도착해서 짐도 못 풀고 거의 18시간은 넘게 잔 듯 많이 진행했네. 양지에 언제쯤 도착예정인가? 집 밥 그리울 텐데 한 상 차려줄 터이니 먹고 싶은 거 주문해

- 용인에 입성이 며칠쯤 될까? 진행상황에 방해가 안 된다면 우리 집에서 집 맛 먹고 가는 거로

- 진행방향이 여기까지 오지 않겠구나. 서울에서 인천?

- 필주친구 모습을 보니 반갑고 많이 변하진 않아서 알아보겠네. 좋은 벗과 함께 즐여도 하고 이젠 종착역도 거의 다 왔고 두 다리가 보물이다. 평상시에 관리를 얼마나 잘하면 매일 100리를 넘게 2,000㎞를 걸을 수 있는 건지 인간의 한계가 어디까지 일까? 점점 할 말을 잃어간다. 오늘도 수고한 친구에게 아낌없는 박수를 보낸다.

- 드디어 대장정의 막을 내리고 가족의 품 천국으로 무사귀환 축하해요. 성취감, 희열 맘껏 누리며 그간 혹사한 몸 잘 추스르게나. 쉼 없는 걸음걸음 무탈하게 완주함을 아낌없는 찬사로 박수를 보내네.

도보여행 할 때

페이스 북에 게시한 글에 대한 응원 댓글 ─────────

심윤식

- 기대 반 걱정 반입니다. 응원을 보내지만 완주 응원이 아닌 ..... 암튼 대단하고 존경합니다.

- 하루 이동거리 너무 긴 거 같아요. 천천히 가세요. 파이팅

- 시골길.... 힘내세요!!

- 이미 힘찬 하루를 시작하셨겠죠? 오늘도 기습적인 소나기가 온답니다. 그래도 동장님은 멀리 하늘을 볼 수 있어 예측 가능할 것 같습니다. 오늘도 즐거운 하루되시길...

- 일정이 빨리 진행 되는 거 같아요. 생각하신 일정보다 많이 앞당겨지는 거 아닌가요? 벌써 전라남도 영광이네요. 더 천천히 가셔요. 오늘도 상쾌하고 즐거운 하루 되세요

- 편안한 밤 되세요.

- 오늘 폭염이라고 하네요. 쉬었다 가세요. 소낙비는 피하는 것이....

- 동장님 덕분에 좋은 구경 많이 합니다. 글도 맛깔나게 잘 읽고 잘 읽고 있습니다. 좀 더 길고 자세하게 써주시면 더 재미있을 것 같습니다. 길게요. 더욱 힘내시고 건강 유의하세요.

- 피곤이 많이 쌓이셨나봅니다. 왠지 마라톤에서 가파른 경사로를 올라가는 너무 힘든 상황이 아닌가 싶습니다. 응원하는 분들이 많으니 힘내시고 건강 챙기세요.

- 오늘도 힘차게 하루를 시작하셨겠네요. 새로운 곳을 향해 즐거운 발걸음 되세요.

- 어딘가에는 같은 길을 가는 사람들이 있네요. 아마도 이런 대목에서 힘을 얻지 않나 싶습니다. 근데 나이와 이동거리가 비례하는 건 ... 반비례인가? 암튼 오늘도 힘찬 출발하시고요. 아자아자 가자

- 저는 집사람과 약속했습니다. 함께 가기로 저도 후에 그 길을 가 보려구요.

- 양양에서 송이버섯 드셨으면 더 힘이 나셨을 텐데. 그러지 않으셨나봅니다. 하루 한 끼는 지역의 대표음식을 드셔보시는 것도 좋을 것 같습니다. 고지가 보일 때 더 건강 잘 챙기시고 무리하지 마세요.

- 드디어 경기도에 들어오셨네요. 마지막에는 가족이 함께 하셨군요. 오늘부터 또 비가 온다니 조심히 오세요.

- 끝까지 힘내서 오세요. 막판 스타트를 내시라고 날씨가 도와주었네요. 가장 멀리 걸으신 것 같아요. 오늘도 힘내서 오세요.

- 힘든 일정 무사히 잘 마치셔서 존경하고 감사하고 축하드립니다. 가족들도 많이 걱정했으리라 생각되고요. 다음의 행보가 기다려집니다만 잠시 쉬어가는 시간 역시 바랍니다. 동장님 파이팅!

많은 분들이 댓글로 응원해주셨는데 일부만 게재할 수밖에 없어 부득이 일부만 게시하게 되어 죄송합니다.

이소영

- 동장님 파이팅이요. 우리 안 가게 쉬엄쉬엄 아시죠? 이 뜨거운 볕 아래 길을 나서시는 용기와 의지 응원합니다.

- 여의치 않아 식사는 때를 넘기더라도 물은 꼭꼭 잘 드시면서 가세요.

- 동장님 덕에 세상구경 잘하고 있어요.

- 파이팅하세요.

- 새벽 빗소리에 잠이 깼어요. 가뭄에 반가운 소리지만 동장님 잠시 피해 오늘 하루 쉬어가시는 건 어떠세요?

- 밥 한 끼의 소중함을 몸으로 배우는 시간이었네요. 오랜만에 비로 시원한 여름밤 묵~ 쉬시고 낼도 힘내서 가세요.

- 쉬어갈 곳이 있는 긴 길에 지역파출소장님의 시원한 친절이 큰 힘이 되었겠어요.. .. 발목과 무릎도 많이 챙기면서 가세요.

- 저는 꼬막을 완전히 익혀야 먹겠어요. 촌스러워 그런지 현지에서 드셔서 더 맛있었겠어요. 다리가 무리한 날은 근육 이완제를 먹으면 자다가 쥐나지 않더라고요. 쉬엄쉬엄 다리도 풀어주면서 가세요.

- 팔도 맛집을 다 체험하시는군요. 오늘도 시흥은 찜통입니다.

- 사모님과 계시니 완성된 그림이네요.

- 다녀오시면 책 한권 뚝딱 나오겠어요. "길에서 만난 삶" 제목 어떠세요? 오늘도 파이팅해보세요.

- 아침 첫 일과가 동장님의 하루를 읽는 걸로 시작합니다. 건강하게 긍정마인드로 한발 한발

- 동장님 글 덕분에 부산가고 싶다는 생각이 무럭무럭 커졌네요. 어젯밤 비로 여기는 습하고 더워요. 탈나지 않게 음식 잘 드시면서 가세요.

- 몸도 힘들고 길 위에서 만나는 모든 것이 불편한 날이셨군요. 백년의 인생도 1년이 안 되는 여행에서도 고비는 항상 있나 봐요. 좋은 사람들, 기뻤던 경험들, 생각하면서 충전하셨으면 좋겠어요.

- 저희 큰 아이가 지난주에 영덕에 며칠 다녀왔어요. 메론 농장에서 일도 도와드리고 바다에서도 신나게 놀았다고 하더라고요.. 아는 사람들이 다녀온 곳은 자꾸 관심이 가요. 오늘도 두 다리에 감사하며 무더워 잘 이기세요.

- 정말 한반도를 다 도셨네요. 동장님의 하루를 읽으며 어느새 한 달이라는 시간이 빠르게 갔네요.

- 막바지 여행길 지치실까 날씨가 도와주네요. 오늘도 애쓰셨네요. 편안한 밤 되세요.(7.22)

- 시흥은 물 폭탄으로 난리였어요. 아직도 복구가 엄두도 안 나는 가구도 있고요. 변기물도 역류하고 가전제품 가구는 물론 장판까지 다 들어낸 집들도 많아요. 온 힘을 다해 도와드렸지만 마음이 많이 안 좋아요.

- 사모님 응원에 힘이 나시죠? 언제나 소녀 같으신 사모님 오늘 더 예쁘시네요.

- 변덕스런 날씨에 면역력도 떨어지고 체력이 급감할까 걱정입니다. 부디 식사 잘 챙기시고 몸도 잘 돌보시면서 진행하세요.

- 동장님 너무 날씬해지셨어요.

- 동행이 있어 그런가 지금껏 못 뵌 활짝 웃는 모습이시네요. 집으로 향하는 발걸음이 즐거워 보이세요.

- 많은 분들이 응원이 여행의 시작부터 끝까지 함께하네요. 동장님의 멋진 도전이 부럽기도 하고 존경스럽기도 한 건 저만이 아닌 것 같아요.

- 더 좋은 곳을 지나오셔서 남이섬이 그만 못하게 느껴지셨을 수도 있어요. 집으로 향하는 얼마 남

도보여행 할 때

페이스 북에 게시한 글에 대한 응원 댓글 ──────

지 않은 여정 힘내세요,

- 매일 운동하기로 했는데 꾀가 나는 날이 있어요. 그럴 때마다 동장님 글을 보고 운동하러 갑니다. 동장님처럼 대단한 도전은 아니지만 본받아서 저만의 작은 약속을 실천중이에요.

- 파주 다음은 어디인가요? 경기도 내에서 움직이시니까 어느 경로로 이동하실지 궁금해지네요. 오늘 폭염은 정말 뜨거웠어요. 오후 5시에도 2시 같은 ....

- 통일교육 때 가봤던 곳이네요

- 드디어 혼인하셨군요. 축하 축하드려요. 짧지 않은 48일간의 여정이 바람처럼 지나간 것 같아요. 태풍보다 앞서 도착하셔서 정말 다행이네요. 내일은 모처럼 늦잠 어떠세요,

차선호

- 아니~~ 혼자 걷는 거야? 이 더위에 대단합니다.

- 내 고향 대천 갔구먼. 지난 주 댕겨 왔는데~ 무창포에서 산낙지 한사라 먹고 힘 보충하시게

- 파출소장의 작은 정성이 힘이 되었겠다. 그 소장처럼 경찰은 민중의 지팡이가 되어야하는데~~ 오늘도 무척 덥다는데 건강관리 잘 하시게 파이팅

- 영암이면 곧 해남에 도착 하겠구먼 내가 학교를 졸업하고 첫 직장(건설회사) 첫 발령현장이 해남이네. 바다를 가로막고 농경지를 조성하는 대형공사장. 그땐 태어나서 처음 접해본 오지 중에 오지 ~ 귀양살이 하는 심정이었는데. 그래서 좀 늦게 공직으로 들어왔지. 암튼 곧 땅 끝 마을에 도착이니 서해안 일주가 마무리 되는 것 같네. 대단하고 자랑스럽구먼.

- 집사람의 위문이 여정에 큰 힘이 되었겠네요. 이제 남해안 접수도 얼마 안남은 것 같구먼 무엇보다 잘 먹고 건강 챙기면서 일정 소화하시게

- 대장정길 벌써 한 달 지나 남해 찍고 동해로 접어들었구먼. 발은 괜찮은지? 무더운 폭염 날씨 쉬면서 페이스 조절 잘 하시게

- 2~3일 푹 쉬었다가 하시게 영양보충도 하면서 육체는 한계가 있는 것 너무 혹사시키면 부작용도 있을 수 있으니 경치 좋고 힐링 할 수 있는 곳에서 쉬었다 하시게

- 드디어 마지막 종착지인 강원도에 입성했네. 체력관리 잘하여 유종의 미 거두시게나.

- 축하한다. 드디어 해냈네. 12일 동안 하와이 휴가 다녀와서 이제야 보았다. 정말 인간 승리라 할 만한 멋진 쾌거다. 이제 심신정리하시고 당분간 푹 쉬시게